Paris
1878

Spinoza, Baruch, dit Benedictus de

Dieu, l'Homme et la béatitude

BIBLIOTHÈQUE
DE PHILOSOPHIE CONTEMPORAINE

DIEU
L'HOMME ET LA BÉATITUDE

PAR

SPINOZA

TRADUIT POUR LA PREMIÈRE FOIS EN FRANÇAIS
ET PRÉCÉDÉ D'UNE INTRODUCTION

PAR

PAUL JANET
Membre de l'Institut, Professeur à la Faculté des lettres de Paris.

PARIS
LIBRAIRIE GERMER BAILLIÈRE ET Cie
108, BOULEVARD SAINT-GERMAIN, 108
Au coin de la rue Hautefeuille.

1878

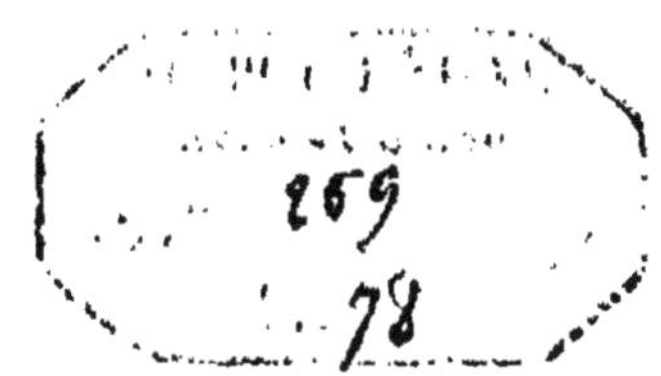

DIEU

L'HOMME ET LA BÉATITUDE

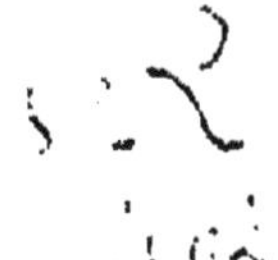

OUVRAGES DE M. P. JANET

LIBRAIRIE GERMER BAILLIÈRE ET Cie

PHILOSOPHIE DE LA RÉVOLUTION FRANÇAISE, 1875, 1 vol. in-18 de la *Bibliothèque de philosophie contemporaine*......... 2 fr. 50

LA CRISE PHILOSOPHIQUE, MM. Taine, Renan, Vacherot, Littré. 1865. 1 vol. in-18 de la *Bibliothèque de philosophie contemporaine*.. 2 fr. 50

LE CERVEAU ET LA PENSÉE, 1867. 1 vol. in-18 de la *Bibliothèque de philosophie contemporaine*........................ 2 fr. 50

HISTOIRE DE LA SCIENCE POLITIQUE dans ses rapports avec la morale, 1872, 2e édition, 2 vol. in-8................ 20 fr.

ÉTUDES SUR LA DIALECTIQUE DANS PLATON ET DANS HEGEL, 1 vol. in-8.. 6 fr.

ŒUVRES PHILOSOPHIQUES DE LEIBNIZ avec une introduction et des notes, 2 forts vol. in-8, ornés d'un portrait...... 16 fr.

ESSAI SUR LE MÉDIATEUR PLASTIQUE DE CUDWORTH, 1 vol. in-8.. 1 fr.

LES CAUSES FINALES. 1 vol. in-8 (1876.)............... 10 fr.

SAINT-SIMON ET LE SAINT-SIMONISME, 1 vol. in-18 de la *Bibliothèque de philosophie contemporaine*................ 2 fr. 50

SUPPLÉMENT AUX ŒUVRES DE SPINOZA. *Dieu, l'homme et la béatitude*, traduit pour la première fois en français et précédé d'une introduction, 1 vol. in-18 de la *Bibliothèque de philosophie contemporaine*......................... ... 2 fr. 50

LIBRAIRIE CALMANN LÉVY

LA FAMILLE, leçons de philosophie morale (ouvrage couronné par l'Académie française), 10e édition, 1 vol. in-18. 3 fr. 50

PHILOSOPHIE DU BONHEUR, 4e édition, 1 vol. in-12.... 3 fr. 50

LES PROBLÈMES DU XIXe SIÈCLE, 2e édition, 1 vol. in-12. 3 fr. 50

LIBRAIRIE CH. DELAGRAVE

ÉLÉMENTS DE MORALE, 1 vol. in-12. 2e édition........ 3 fr. 50

LA MORALE, 1 vol. in-8.............................. 7 fr. 50

Coulommiers. — Typog. ALBERT PONSOT et P. BRODARD.

SUPPLÉMENT AUX ŒUVRES DE

SPINOZA

DIEU
L'HOMME ET LA BÉATITUDE

TRADUIT POUR LA PREMIÈRE FOIS EN FRANÇAIS

ET PRÉCÉDÉ D'UNE INTRODUCTION

PAR

PAUL JANET
Membre de l'Institut, Professeur à la Faculté des lettres de Paris.

PARIS
LIBRAIRIE GERMER BAILLIÈRE ET Cie
108, BOULEVARD SAINT-GERMAIN, 108
Au coin de la rue Hautefeuille.

1878

INTRODUCTION

I

En 1851, le docteur Ed. Boehmer, de Halle, découvrit en Hollande, annexé à une vie manuscrite de Spinoza, par Colerus, un petit écrit en hollandais, qui paraissait être un abrégé sommaire de l'*Ethique* et qui portait ce titre : *Korte Schetz der Verhandeling van Benedictus de Spinoza : over Gott, den Mensch, en deszefls Welstand* (Courte Esquisse du traité de Spinoza sur Dieu, l'homme et son bonheur). Il publia cet écrit l'année suivante, à Halle, en 1852, sous ce titre : *Benedicti de Spinoza tractatus de Deo et homine ejusque felicitate lineamenta.*

Quelques années après, le savant libraire d'Amsterdam, M. Frédéric Muller acheta dans une vente publique un autre manuscrit qui se trouva être le traité même dont M. Boehmer n'avait connu que l'abrégé. Il était en hollandais ; et une note inscrite à la première page du manuscrit attestait que, malgré la tradition d'après laquelle on avait cru que l'*Ethique* avait été primitivement écrite en langue hollandaise, ce manuscrit n'était cependant lui-même que la traduction d'un texte original écrit en latin par Spinoza. Nous n'avons donc ici qu'une traduction, et peut-être même une traduction émanée d'une main chrétienne, comme on peut le conjecturer par la note insérée au titre même de l'ouvrage et par quelques autres passages.

En 1862, cet important ouvrage, qui était bien évidemment une première rédaction de l'*Ethique*, fut publiée avec une traduction latine par M. Van Vloten, professeur de philosophie à Amsterdam, sous ce titre : *Ad Benedicti de Spinosa opera quæ supersunt omnia supplementum* [1].

En même temps que M. Frédéric Muller découvrait le manuscrit dont nous venons de parler, un autre manuscrit, plus ancien, tombait entre les mains de M. Adrien Boguers, poëte distingué de Hollande, qui mettait son manuscrit à la disposition de M. Van Vloten, pour le comparer avec le premier, et en faire usage pour sa traduction. Celui-ci ne paraît pas en avoir tiré très-grand parti. Un savant Allemand, M. Schaarschmidt a pensé qu'il y avait quelque intérêt à publier ce second manuscrit, qui en effet est en général supérieur à l'autre, et il l'a édité sans traduction latine, mais avec une savante introduction, sous ce titre : *B. de Spinoza Korte Verhandeling von God, de Mensch en deszelf welstand, Tractatuli deperditi de Deo et homine ejusque felicitate versio belgica. Ad antiquissimi codicis fidem edidit et præfatus est Car. Schaarschmidt* [2].

Nous avons donc deux textes du même traité : le texte de M. Schaarschmidt, correspondant au manuscrit de M. Boguers, et le texte de M. Van Vloten (avec traduction latine), correspondant au manuscrit de M. Fr. Muller, sans compter l'abrégé publié antérieurement par M. Ed. Boehmer. Le premier de ces manuscrits porte le nom de manuscrit A, et l'autre le nom de manuscrit B.

Voici maintenant les divers travaux auxquels ces publications ont donné lieu. D'abord, le texte hollandais des deux manuscrits, qui avait été publié avec beau-

1. *Amstelodami, apud Fredericum* Muller, 1862. La traduction latine de M. Van Vloten est malheureusement très-incorrecte.

2. *Amstelodami*, 1869.

coup de négligence par le premier éditeur, M. Van Vloten, et d'une manière beaucoup plus correcte, mais encore avec quelques fautes, par M. Schaarschmidt, a été l'objet d'une révision savante et très-approfondie de la part d'un critique très-autorisé en ces matières, M. Van der Linde, auteur d'un intéressant ouvrage sur Spinoza [1].

Quant à l'ouvrage lui-même et à sa signification philosophique, il a été l'objet de plusieurs travaux intéressant, notamment en Allemagne [2]. Nous citerons surtout les trois écrits suivants : 1° Trendelenburg, *Ueber die aufgefundenen ergänzungen zu Spinoza's Werke*, mémoire lu à l'Académie de Berlin en mars 1866, et publié par l'auteur dans ses *Historische Beitrage zur Philosophie*, Berlin, 1867 ; 2° Sigwart, *Spinoza's neuentdeckter Traktat*, Gotha, 1866 ; 3° Richard Avenarius, *Ueber die beiden ersten phasen des Spinozistischen Pantheismus*, avec un appendice sur la chronologie et l'ordre de composition des premiers écrits de Spinoza, Leipzig, 1868.

Enfin, nous devons mentionner surtout, en terminant cette revue bibliographique, le travail sans lequel nous n'aurions pas fait le nôtre : nous voulons parler de la traduction allemande du traité de Spinoza par M. Sigwart [3], l'un des auteurs que nous venons de nommer. Cette traduction est très-supérieure à la traduction latine de M. Van Vloten, d'abord parce qu'elle a été faite sur un texte meilleur (le manuscrit A) et après la révision de M. Van der Linde, et ensuite parce qu'elle témoigne d'une bien plus grande sagacité philosophique, et aussi d'une plus grande exactitude; les

1. Les notes de M. Van der Linde sur le texte des deux manuscrits en question ont paru dans le recueil allemand *Zeitschift für philosophie*, tome XLV, page 301.

2. Pour la France, nous demandons la permission de nous citer nous-même : *Revue des Deux-Mondes* (15 juillet 1867).

3. B. de Spinoza's *Kurzer Traktat von Gott*, etc., ins deutsche übersetzt, mit einer Einleitung, Kritischen und sachlichen Erläuterungen begleitet, von Dr Ch. Sigwart. Tubingen, 1870.

notes critiques qui l'accompagnent y ajoutent beaucoup de clarté et d'intérêt : enfin l'introduction est pleine de renseignements importants.

Pour nous, nous avons écrit notre traduction sur celle de M. Sigwart, en consultant toujours celle de M. Van Vloten, et en ayant toujours recours au texte hollandais dans les passages difficiles : ce qui nous était aisé, grâce à la traduction allemande, laquelle est plutôt une transcription qu'une traduction, car c'est exactement la même langue ; et, si l'on ne reconnaît pas les mots hollandais quand on les voit seuls, on les reconnaît aussitôt qu'ils ont pris la forme allemande ; nous pouvons donc dire que nous avons réellement traduit d'après l'original, car ici la traduction intermédiaire n'est que l'original lui-même très-peu transformé.

On pourrait se demander si le traité *de Deo et Homine* est réellement de Spinoza, ou s'il ne serait pas de quelque autre main, de quelque disciple par exemple ; mais il est facile de prouver que ce doute n'a aucun fondement. En effet :

1° Nous trouvons en tête du manuscrit ces mots : *Primum latine conscriptus a Bened. de Spinoza.* Le possesseur du manuscrit ou celui qui l'a copié a donc cru à l'authenticité. Or, M. Van der Linde paraît avoir établi que celui qui a écrit le manuscrit est un médecin du XVIIIe siècle nommé Monnikoff, de la secte de Deurhoff, théologien qui, à tort ou à raison, passait pour spinoziste, mais qui, en tout cas, a connu Spinoza et a reçu son influence, et même avait eu communication de l'*Ethique* avant sa publication. Monnikoff, qui a copié de sa main les écrits de Deurhoff, a donc pu recevoir, sinon de lui, du moins de quelque intermédiaire, le manuscrit en question, et en tout cas était assez près de la source pour s'assurer de son authenticité[1].

2° On retrouve textuellement, soit dans le traité lui-même, soit dans l'appendice, quelques-unes des propo-

1. Monnikoff étant né en 1707, et Deuroff étant mort en 1717, il n'y a pas eu de communication directe entre l'un et l'autre ; mais il y a eu sans doute communication médiate.

sitions ou des axiomes que Spinoza mentionne dans ses lettres à Oldenburg, les plus anciennes que nous ayons de lui.

3° On trouve dans notre traité le chapitre *de Diabolis*, que la *Bibliothèque des anonymes de Mylius* mentionne comme ayant fait partie d'une rédaction primitive de l'*Ethique* [1].

4° On sait positivement, par le même Mylius, que l'*Ethique* a eu une première forme : pourquoi pas celle-ci ? Mylius dit à la vérité que le texte de cette forme primitive était en hollandais, tandis que nous savons maintenant que ce n'est qu'une traduction d'un texte latin; mais Mylius a pu ne pas savoir que cette forme hollandaise n'était pas le texte primitif, et le fait que cette traduction a pu passer pour le texte prouve encore en faveur de l'authenticité. D'ailleurs, il est évident que ce n'est pas un extrait ou abrégé de l'*Ethique* fait par un élève, car il y a une trop grande différence entre les deux ouvrages. Si ce n'est pas un abrégé de l'*Ethique*, c'en est évidemment l'esquisse. Or, qui eût été capable de faire cette esquisse sinon Spinoza ?

5° Les dernières paroles qui terminent l'ouvrage, et par lesquelles Spinoza s'adresse à ses élèves, en leur recommandant de prendre des précautions pour la propagation de ses doctrines, prouvent évidemment que l'ouvrage est de la main de Spinoza, et qu'il était communiqué à ses élèves, pour être étudié par lui, lorsqu'il fut séparé d'eux après son expulsion d'Amsterdam.

Cependant, tout en reconnaissant sans ombre de doute l'authenticité du *de Deo*, nous sommes tenté de croire que les notes qui accompagnent le texte pourraient bien être, sinon toutes, du moins pour un certain nombre d'entre elles, d'une autre main que celle de Spinoza. Souvent, elles ne font que reproduire le texte

1. *Ethica* quæ ab autore primum batavorum sermone conscripta, postea ab eodem in linguam latinam traducta et methodo mathematica est disposita, omisso tamen quod in exemplari hollandico manuscripto extare dicitur capite de Diabolo (*Biblioth. anonymorum*, p. 941, 6).

même en le délayant ; elles sont souvent très-obscures ; quelques-unes ont un caractère chrétien assez prononcé : même dans le texte, on trouve quelques expressions du même genre qui sont peut-être des interpolations ; mais ce ne sont là que des détails ; et, pour le corps de l'ouvrage, nous ne pouvons douter que nous ne possédions la première esquisse de l'*Ethique*, écrite de la main de Spinoza lui-même.

Resterait maintenant à déterminer la date du *de Deo et Homine*, et sa place dans la série des œuvres de Spinoza. Nous avons pour cela quelques données assez certaines : ce sont les lettres à Oldenburg qui nous les fournissent. La première de ces lettres est de 1661, et elle contient, ainsi que les suivantes, quelques communications de Spinoza sur le livre qu'il est en train de rédiger et qui n'est autre que l'*Ethique* : or, nous voyons par là qu'à cette époque Spinoza avait déjà donné à son ouvrage la forme géométrique. Il envoie à Oldenburg des *axiomes*, des *définitions* ou des *propositions*. Mais, dans le *de Deo*, il n'y a pas encore trace de forme et de méthode géométrique. Il suit de là certainement que le *de Deo* est antérieur à 1661. M. Sigwart croit que c'est de notre traité lui-même qu'il est question dans les lettres à Oldenburg, et par conséquent qu'il serait précisément de l'année 1661 ; mais nous pensons avec M. Trendelenburg et M. Avenarius qu'il faut remonter plus haut, sans cependant fixer de date d'une manière aussi précise que ce dernier.

Il faut remarquer d'ailleurs que l'ouvrage se compose de trois parties distinctes : 1° le *traité* lui-même ; 2° les *dialogues* ; 3° l'*appendice*. Or, ces trois parties ne sont pas contemporaines et se présentent avec des caractères distincts. Les dialogues par exemple, par un certain caractère mystique et oriental, par l'obscurité de la déduction, par le vague de la pensée, sont certainement ce qu'il y a de plus ancien dans Spinoza : on y a retrouvé beaucoup d'analogies avec Giordano Bruno et avec les mystiques panthéistes de la philosophie juive : peut-être même ces dialogues sont-ils antérieurs à l'influence de Descartes. D'un autre côté, l'*appendice* est postérieur au traité, car on y voit commencer la forme géométrique : on y retrouve même textuellement quelques-uns des axiomes que Spinoza adresse à Oldenburg. L'*appendice* paraît donc être le résidu du premier remaniement de l'*Ethique*, au moment où Spinoza s'est décidé à adopter la méthode géométrique et où, probablement pour s'habituer à cette forme, il exposait géométriquement les *Principes* de Descartes [1].

Il résulte de cette comparaison que les *dialogues* sont le premier écrit de Spinoza que nous possédions et que l'appendice est à peu près contemporain des lettres d'Oldenburg, c'est-à-dire de 1661. Le traité lui-même se place entre les deux. A quelle époque à peu près faut-il en placer la composition ? Il me paraît vraisemblable que ce traité a été composé, au moins en partie, ou tout au moins fini à l'époque où Spinoza était séparé de ses disciples, par conséquent postérieurement à l'époque de son excommunication [2], c'est-à-dire à 1656 C'est donc entre 1656 et 1661 qu'il faudrait placer la composition ou tout au moins l'achèvement de cet ouvrage.

Quant à la valeur intrinsèque de notre traité, on pourra l'apprécier par l'analyse que nous allons en faire et par la lecture du texte lui-même. Il nous montre le spinozisme dans sa première forme, et cela suffit pour nous en faire comprendre la haute portée. Faut-il aller jusqu'à penser avec M. Avenarius qu'il y a eu deux phases du spinozisme et même trois, à savoir une phase naturaliste, une phase théiste et une phase substantialiste [3] ? C'est peut-être beaucoup trop presser

1. Les *Principia R. Descartes more geometrico demonstrata* furent publiés en 1663 ; mais la composition en est sans doute beaucoup plus ancienne.

2. On plaçait généralement la date de l'excommunication de Spinoza en 1660; mais M. Van Vloten. en retrouvant et en publiant la pièce elle-même qui porte la date, a établi qu'elle était de 1656.

3. I Phase : *Naturalistische All-Einheit*. — II Phase : *Theistische All-Einheit*. — III Phase : *Substanzialistische All-Einheit*.

les termes, et voir des différences de doctrine, là où il n'y a que les degrés naturels et les transitions insensibles d'une même pensée. Quoi qu'il en soit, il est temps d'aborder l'ouvrage et d'examiner comment il est composé.

II

Le traité de Spinoza dont nous donnons ici la traduction n'est évidemment qu'une ébauche : ce sont les premiers linéaments du vaste ouvrage dont le titre reste attaché au nom de Spinoza, de l'*Éthique*. Dans cette introduction, nous présenterons au lecteur l'analyse du premier de ces deux ouvrages, indiquant avec soin les différences qui le distinguent du second.

Le *de Deo et homine* se compose (le titre l'indique) de deux parties : la première traite de Dieu ; la seconde de l'homme. La première correspond au premier livre de l'*Éthique*, et la seconde aux quatre autres livres. On voit que, si la théorie de Dieu est déjà complète, en revanche la théorie de l'homme sera plus tard largement développée : c'est là surtout qu'il y aura à signaler le progrès de la pensée de Spinoza.

De l'existence de Dieu. — Le premier livre, qui traite de Dieu, peut être lui-même subdivisé. Une première division (chap. I et II) est consacrée à Dieu lui-même. Une seconde division (chap. III-X) porte sur les rapports de Dieu et du monde.

Ces deux portions du premier livre sont séparées l'une de l'autre par des dialogues, qui sont d'un médiocre intérêt et qui appartiennent évidemment à la jeunesse de Spinoza : ils sont intercalés là on ne sait trop pourquoi; ils interrompent sans utilité le cours de la démonstration.

La première division, celle qui traite de Dieu luimême, comprend encore deux questions : 1° de l'existence de Dieu (chap. I); 2° de l'essence de Dieu (chap. II): *Quod Deus sit*; — *Quid Deus sit.*

On remarquera tout d'abord ici une première différence avec l'*Éthique*. Dans le *de Deo*, la forme géométrique est entièrement absente. Point de définition; point d'axiomes; point de théorèmes. La forme est syllogistique, non géométrique. C'est seulement dans l'*Appendice*, qui est évidemment d'un autre temps et contemporain des lettres à Oldenburg [1], que l'on commence à voir paraître des axiomes, des propositions avec démonstration d'apparence géométrique. De cette première observation, nous pouvons tirer déjà une conclusion. On a dit que le système de Spinoza était tout entier dans sa méthode : mais ici nous avons le système sans la méthode : l'un est donc indépendant de l'autre.

Une seconde différence entre les deux ouvrages, c'est qu'au lieu de commencer par une théorie métaphysique de la substance, comme dans l'*Éthique*, Spinoza commence, comme saint Thomas, par les preuves de l'existence de Dieu. Ici encore, il y a lieu de rectifier l'opinion commune. On a dit que tout le spinozisme est sorti de la définition cartésienne de la substance. Cependant, ici, la définition en question fait défaut; et le spinozisme existe déjà tout entier.

Le spinozisme ne tient donc ni à telle définition, ni à telle méthode : il a été conçu, comme tous les systèmes, d'un seul jet et *à priori*; et Spinoza en a cherché ensuite la démonstration.

Existence de Dieu. — Spinoza en donne deux preuves : l'une *à priori*; l'autre *à posteriori*.

1° *A priori*. — Cette preuve n'est autre chose que la célèbre preuve de saint Anselme, reprise et renouvelée par Descartes. Spinoza la résume sous la forme la plus succincte. Tout porte en effet à croire que l'ouvrage que nous avons entre les mains était une sorte de manuel où les principes étaient ramenés à leur forme la plus

1. Ces premières lettres à Oldenburg sont de 1661. Elles nous font assister à la rédaction de l'*Éthique*.

sommaire et que Spinoza développait ensuite dans ses entretiens avec ses jeunes élèves.

Ici, le fameux argument ontologique est résumé en ces termes : « Tout ce que nous concevons clairement et distinctement appartenir à la nature d'une chose lui appartient en effet. — Or *l'existence appartient à la nature de Dieu.* — Donc, etc. » On voit aisément que tout le nœud de l'argument est dans la mineure, car la question est précisément de savoir si l'existence appartient à la nature de Dieu. Descartes donnait des raisons, que Spinoza omet ici. Il est donc probable qu'il les donnait oralement. Au reste, on peut voir dans l'*Éthique* le développement profond qu'il a donné à cet argument.

Une seconde forme de la preuve *à priori* se tire de l'éternité des essences. « Les essences des choses sont éternelles et immuables. Or *l'existence de Dieu est son essence.* Donc, etc. » C'est encore là une forme de l'argument ontologique; et, comme précédemment, le nœud de la preuve est tout entier dans la mineure, que Spinoza se contente d'affirmer sans la prouver.

2° *Preuve à posteriori.* — La preuve que Spinoza appelle *à posteriori* ne se tire nullement, comme on pourrait le croire, de la nature et de sa contingence : rien de semblable n'est possible pour Spinoza. Cette preuve n'est autre que la preuve propre de Descartes; elle se tire de l'existence de l'idée de Dieu, laquelle, considérée comme ayant un certain contenu, doit avoir sa cause, et une cause suffisante et adéquate. La cause de l'idée de Dieu, dit Spinoza après Descartes, doit posséder *formellement*, c'est-à-dire effectivement, ce que l'idée contient *objectivement*, c'est-à-dire par représentation.

Spinoza donne à cette preuve, empruntée à Descartes, un développement qui lui est personnel; mais il y a apparence que le texte que nous avons sous les yeux est ou altéré, ou mutilé, ou inachevé; car il y a beaucoup d'obscurité dans le détail de la preuve. Ce qui en ressort de plus général, c'est la pensée suivante : à savoir que, sans l'existence de Dieu, non-seulement nous ne pourrions pas penser Dieu, mais nous ne pourrions rien penser du tout. En effet, les choses connaissables sont infinies : or l'entendement, étant fini, ne peut penser l'infini ; ne pouvant connaître l'infini, c'est-à-dire le tout, il n'y a pas de raison pour qu'il puisse connaître ceci plutôt que cela. Donc il ne connaîtra rien, s'il n'y est déterminé par une cause ; et cette cause ne peut être que l'être formel lui-même de nos idées, et ainsi la cause de l'idée de Dieu doit être l'être formel de Dieu.

En outre, l'idée de Dieu ne peut pas être une création de l'esprit humain. En effet, il y a trois sortes d'idées (division analogue, sinon tout à fait semblable, à celle de Descartes) : 1° les idées *factices*, créées par l'homme, mais dont les éléments ne sont pas créés par lui ; 2° les idées qui ne sont pas nécessaires dans leurs existence, mais qui le sont dans leur essence : telles que le triangle, l'amour dans l'âme sans le corps, etc. Ces essences subsisteraient encore quand même leurs objets n'existeraient pas : il leur faut cependant un sujet d'inhérence ; et ce n'est pas l'esprit fini qui peut être ce sujet : ce doit être un substratum éternel comme elles : ce substratum est Dieu. On reconnaît ici la preuve des vérités éternelles, si admirablement exprimée par Bossuet. 3° Enfin, il y a une troisième classe d'idées ; et il n'y en a qu'une seule de ce genre : c'est celle où l'existence et l'essence sont également nécessaires et qui par conséquent ne peut être créée par moi. Ici Spinoza entremêle la première preuve avec la seconde et il rend celle-ci inutile, car, si en Dieu l'existence est nécessaire aussi bien que l'essence, cela même est la preuve de l'existence de Dieu, et je n'ai pas besoin d'en chercher une autre.

On peut voir que, dans l'*Éthique*, Spinoza a lui-même beaucoup perfectionné toute cette partie de son œuvre, ce qui nous dispense de montrer à quel point cette première forme est imparfaite et confuse.

L'observation la plus importante qu'elle provoque, c'est qu'elle est une preuve frappante de l'influence de Descartes sur Spinoza, influence qui a été beaucoup trop atténuée par les critiques allemands[1]. Cette esquisse doit être contemporaine de l'étude approfondie que Spinoza avait faite de Descartes, et dont le témoignage certain est dans les *Principia Renati Cartesii more geometrico demonstrata*.

De l'essence de Dieu. — De la question de l'existence de Dieu, Spinoza passe à celle de son essence. Il y a là un défaut de logique évident, que Spinoza a corrigé plus tard dans son *Éthique*. Comment prouver que Dieu est, sans savoir ce qu'il est? De qui et de quoi parle-t-on quand on veut prouver que Dieu existe, si l'on ne sait pas d'abord en quoi il consiste? On ne prouverait alors que l'existence de quelque chose d'inconnu, qui n'est pas plus Dieu que son contraire. Sans doute la détermination des attributs de Dieu peut être postérieure à la preuve de son existence; mais la définition de Dieu doit être antérieure. Or, cette définition dans le *de Deo* ne vient qu'après la question de l'existence.

Ce défaut de logique est encore plus visible dans Spinoza qu'il le serait ailleurs, puisqu'il prouve surtout l'existence de Dieu *à priori*, c'est-à-dire en partant de son essence, laquelle, dit-il, implique l'existence : c'est donc la théorie de l'essence qui devait être la première; autrement, comment pourrions-nous savoir si cette essence implique ou n'implique pas l'existence?

Quoi qu'il en soit, voici la définition de Dieu, suivant Spinoza :

« Dieu est l'être dont on peut affirmer tous les attributs ou une infinité d'attributs, dont chacun est infiniment parfait en son genre. »

Après cette définition, Spinoza établit quatre propositions qui contiennent tout l'édifice de son système : c'est ici que se révèle le penseur original et créateur,

1. Voir sur cette question les travaux de MM. Sigurt et Avenarius cités dans notre avant-propos, et plus récemment, en Angleterre, de M. Pollok, *Notes sur la Philosophie de Spinoza*.

quoiqu'il n'ait pas encore pris tout son essor. La grandeur de la pensée est encore étouffée par les obscurités et les embarras de la démonstration; elle n'a pas la liberté et l'ampleur qu'elle aura dans l'*Ethique*, mais elle paraît cependant.

Voici ces quatre propositions :

1° Il n'y a pas de substance finie; mais toute substance doit être infiniment parfaite en son genre, c'est-à-dire que nulle substance ne peut être plus parfaite dans l'entendement divin qu'elle ne l'est dans la nature.

2° Il n'y a pas deux substances égales.

3° Une substance ne peut en produire une autre.

4° Il n'y a pas de substance dans l'intellect infini de Dieu, autre que celle qui existe formellement dans la nature.

Le premier point est le point fondamental : c'est toute la doctrine; c'est l'*alpha* et l'*oméga* du panthéisme. Si l'on examine le développement que Spinoza donne à ce principe, on sera frappé et de l'audace de la conception et de la faiblesse de la démonstration : il y a disproportion manifeste entre l'assertion et la preuve.

Spinoza se fonde sur ce dilemme : une substance limitée ne le serait que par elle-même ou par autrui; par elle-même, c'est impossible; car comment supposer que, pouvant être plus, elle consente à être moins? d'ailleurs, si elle était limitée par elle-même, c'est qu'elle existerait par elle-même. Or, existant par elle-même, comment pourrait-elle s'être limitée? Car une substance assez puissante pour se donner l'existence se donnera à plus forte raison toutes les perfections et n'a aucune raison de s'en refuser aucune ni d'en amoindrir aucune. On reconnaîtra encore ici un argument cartésien.

Mais cette première hypothèse est presque inutile à réfuter; car personne ne la soutient : elle pourrait servir à réfuter l'athéisme, mais non à prouver le panthéisme [1].

1. Elle prouve, en effet, que l'être qui existe par lui-même ne peut pas être fini et imparfait (comme la matière des

Reste la seconde, à savoir celle d'une substance qui serait limitée par une cause autre qu'elle-même. Or cette cause ne la limiterait que par défaut de puissance ou par défaut de bonté : le premier est incompatible avec la toute-puissance de Dieu, le second avec sa nature, qui est toute bonté et toute plénitude.

On voit ici que Spinoza ne fait pas grands frais d'invention pour démontrer son hypothèse. Il se contente de reprendre à son compte le vieux dilemme contre la Providence tiré de l'existence du mal. Mais cet argument n'a aucune force pour établir le panthéisme; car s'il est contraire à la nature de Dieu, à sa puissance et à sa bonté de produire des substances imparfaites, combien ne serait-il pas plus contraire encore à son essence d'être le propre sujet de ces imperfections et de ces limites? On comprend que Dieu, s'il produit d'autres substances que lui, ne puisse les faire égales à lui-même : cette impuissance n'a rien qui le diminue; mais ces imperfections, qu'on lui imputerait à crime si elles étaient dans la créature, comment pourraient-elles se trouver en lui-même sans altérer sa perfection? C'est là une contradiction dont le panthéisme ne s'est jamais dégagé. C'est donc un argument très-insuffisant pour établir l'unité de substance.

Quant à la seconde proposition, à savoir qu'il n'y a pas deux substances égales, l'argument de Spinoza n'est autre que celui qui est employé depuis longtemps dans les écoles et reproduit par Fénelon pour prouver l'unité de Dieu. Étant supposé en effet (par la proposition précédente) qu'il n'y a pas de substances finies, toute substance doit être infinie; il ne s'agit plus que de prouver qu'il ne peut pas y avoir deux infinis, c'est-à-dire deux dieux, car l'un limiterait l'autre, et aucun d'eux ne serait infini; c'est ce qu'a démontré Fénelon : si même l'on voulait comparer l'argumentation de Spinoza à celle de Fénelon, relativement à l'unité de la

athées) mais qu'il est infiniment parfait; ce qui n'implique pas qu'il ne puisse y avoir, en dehors de lui et par lui, quelque être fini et imparfait.

substance infinie, on trouverait peut-être celle de Fénelon plus riche, plus profonde, plus fouillée, plus délicate.

Ainsi, de ces deux propositions, la première signifie qu'il n'y a *que* Dieu; la seconde, qu'il n'y a qu'*un* Dieu.

La troisième : « que la substance ne peut produire une autre substance, » est un corollaire des précédentes.

En effet, ou cette substance créée serait supérieure à la substance créatrice, mais rien ne vient de rien; — ou elle lui serait égale, hypothèse exclue par la proposition précédente; — ou elle serait moindre, hypothèse exclue par la proposition première.

Dira-t-on que Dieu peut créer une substance finie, qui serait finie par sa nature même? Mais Spinoza n'admet pas une nature antérieure à l'existence : cela n'est vrai que des choses engendrées, non créées. Créer, c'est produire la nature et l'essence en même temps que l'existence. Dieu créerait donc proprement une substance finie et la limiterait en la créant; et le dilemme déjà invoqué reparaîtrait.

Quant à la quatrième proposition, elle est la plus difficile et la plus obscure : elle est aussi ce qu'il y a de plus neuf dans la doctrine.

Elle consiste en ceci : qu'il n'y a en Dieu (sous forme idéale), rien autre chose que ce qui existe formellement (effectivement) dans la réalité. — Ce que l'on pourrait traduire par cette formule de Hégel : « Tout ce qui est rationnel est réel. » Elle signifie qu'il n'y a pas dans l'entendement divin rien de plus que dans la réalité, c'est-à-dire que le possible n'est pas plus étendu que le réel.

Spinoza le prouve :

1° Par la puissance infinie de Dieu, car rien ne peut déterminer cette puissance à créer telle chose plutôt que telle autre;

2° Par la simplicité de la volonté divine; c'est-à-dire que Dieu n'a pas à choisir;

3° Parce que Dieu ne peut omettre de créer tout ce qui est bon;

4° Parce qu'une substance ne peut pas créer une autre substance.

Objection. — Mais, dira-t-on, affirmer que Dieu ne peut pas créer plus qu'il ne crée, c'est limiter sa toute-puissance. Spinoza répond : Comment Dieu pourrait-il créer plus que *tout*? N'est-il pas plus parfait, au regard de Dieu, d'avoir créé tout ce qui est dans son entendement que d'avoir encore quelque chose à créer? N'est-ce pas comme si l'on soutenait que nous limitons la science de Dieu, en disant qu'il sait tout et qu'il n'a plus rien à apprendre? Que peut-on savoir plus que de tout savoir? et de même quelle plus grande puissance que de réaliser tout le possible?

Tout ce qui précède se résume donc dans un dogme fondamental : l'UNITÉ DE SUBSTANCE. Toutes les choses que nous voyons dans la nature ne sont donc que les modes et les attributs d'une seule et même substance.

Spinoza confirme cette doctrine par les raisons suivantes :

1° L'unité de substance résulte de l'unité de la nature; autrement, les êtres ne pourraient pas communiquer les uns avec les autres. Sans l'unité de substance, comment comprendre l'union de la pensée et de l'étendue?

2° La substance ne pouvant pas être produite, il est de son essence d'exister. Si donc nous trouvons dans la nature des choses qui existent, mais dont l'essence ne soit pas d'exister, ces choses ne sont pas des substances, mais des attributs : par exemple, la chose étendue, la chose pensante.

S'il en est ainsi, dira-t-on, l'étendue sera donc un attribut de Dieu. Or, 1° comment un attribut divisible peut-il appartenir à la substance de Dieu, qui est simple? 2° Comment l'étendue qui est passive, peut-elle appartenir à Dieu qui est essentiellement actif?

Spinoza répond à la première objection que le tout et les parties sont des êtres de raison et qu'il n'y a rien de tel dans la nature. Pour qu'il y ait de véritables parties, il faut qu'elles puissent être séparées les unes des autres : or, dans l'étendue infinie, les parties ne peuvent être séparées, car qu'y aurait-il entre elles? La division n'est donc pas dans la substance, mais dans les modes.

Même réponse à la seconde objection. La passivité n'est qu'un point de vue des modes dans leurs relations les uns avec les autres ; elle ne peut être le fait de la substance elle-même, qui est, dit Spinoza, une *cause immanente* : expression remarquable, qui se présente ici tout à coup sans préparation. On sait que, dans l'*Éthique*, Spinoza a consacré à cette doctrine un théorème formel et célèbre : *Deus causa immanens, non transiens.*

On dit que les corps ont besoin d'un premier moteur qui en provoque le mouvement. Oui, cela serait vrai si les corps étaient des substances (des *choses en soi*, comme dirait Kant), n'ayant d'autre attribut que les trois dimensions de l'étendue. Il faudrait alors un moteur externe. Mais, puisque la nature de Dieu est un être dont on peut affirmer tous les attributs, il ne lui manque rien pour produire tout ce qui peut être produit.

Spinoza ne reconnait en Dieu que deux attributs : la pensée et l'étendue ; mais, au lieu d'en faire l'objet d'une étude développée comme dans l'*Éthique*, il n'en parle ici que d'une manière tout à fait incidente. Il insiste seulement sur la différence importante et neuve qu'il établit entre les *attributs*, et ce qu'il appelle les *propres* (propria, eigenen) [1]. Les premiers expriment quelque chose de substantiel et de réel : c'est pourquoi il les confond souvent avec la substance ; les *propres*, au contraire, ne sont que des dénominations extérieures, comme par exemple : qu'il est constant, unique, éternel, etc. (attributs métaphysiques), ou n'expriment que ses opérations, par exemple, la cause, la direction, la prédestination ; ce sont là les propres de Dieu ; mais ils ne nous apprennent rien de ce qu'il est en lui-même.

Il est donc à propos, après avoir étudié Dieu en lui-même, de l'étudier dans ses opérations : c'est l'objet de la seconde partie du premier livre ; entre ces deux par-

1. Nous ne disons pas *propriétés*, parce que Spinoza emploie souvent le mot de propriétés dans le sens d'*attributs*, et il oppose alors les propriétés aux propres.

ties, comme nous l'avons dit, se trouvent les dialogues, auxquels nous renvoyons le lecteur pour ne pas interrompre la suite de cette exposition.

III

Attributs de Dieu. — I. *Les Propres.* — Ce que Spinoza appelle les *propres* de Dieu se ramène à trois points : 1° la cause, 2° la providence, 3° la prédestination. De ces trois points, le troisième est le plus important. Disons quelques mots des deux autres.

Dieu est cause à huit points de vue différents. Il est : 1° cause *émanative*, ou *opérative*, c'est-à-dire cause efficiente et active ; — 2° cause *immanente, non transitive* ; — 3° cause *libre, non naturelle* ; — 4° cause *par soi*, non contingente ; — 5° cause *principale*, qui crée immédiatement ; — 6° cause *première* ou *initiale* ; — 7° cause *générale* ; — 8° cause *prochaine* des attributs infinis, et cause *éloignée* des choses particulières.

II. *Providence.* — Spinoza conserve encore ici le terme de Providence, qui disparaîtra plus tard dans l'*Éthique*. La providence, selon lui, consiste dans cet effort que nous voyons dans toute la nature et par lequel toutes les choses tendent à conserver leur être. Si l'on considère cet effort dans l'ensemble de la nature, comme un acte unique qui conserve les êtres en tant que parties du tout, c'est la *providence générale;* si au contraire on considère l'acte propre par lequel chaque être tend à se conserver comme étant lui-même un tout, c'est la *providence particulière.*

III. *La prédestination.* — On devine quelle est l'importance de cette troisième question, non-seulement au point de vue du système de Spinoza, mais encore au point de vue de son temps et de son pays. Il ne faut pas oublier que la doctrine de la prédestination était alors, en Hollande, la doctrine orthodoxe. Le fameux synode de Dordrecht en avait fait un article de foi. Sans doute, la prédestination calviniste n'est pas la même chose que la prédestination spinoziste; la première s'allie avec la personnalité divine : c'est la doctrine de la volonté arbitraire, du bon plaisir absolu. La prédestination spinoziste au contraire n'est autre chose que la nécessité logique et géométrique. Néanmoins, il est permis de penser que le fatalisme chrétien n'a pas été sans influence sur le fatalisme spinoziste. Tout au moins a-t-il dû faciliter l'introduction de cette doctrine. En un mot, il y avait alors moins d'intervalle et d'écart entre la doctrine de Spinoza et l'opinion commune qu'il n'y en aurait eu dans un autre temps et dans un autre pays. Voyons donc ce que Spinoza entend par la prédestination divine.

Déjà, dans un chapitre précédent (ch. IV), en considérant Dieu comme cause, Spinoza avait traité de ce qu'il appelle l'*action nécessaire* de Dieu, qu'il paraît distinguer de ce qu'il appelle prédestination; mais on ne voit pas trop la différence des deux questions. Dans la première, il démontre que « Dieu ne peut pas agir autrement qu'il n'agit; » dans la seconde, « qu'il n'y a pas de possibles, et que tout ce qui est possible est réel : » théorie que nous avons du reste déjà signalée (voy. p. xv) mais qui trouve ici tout son développement. Ces deux chapitres réunis contiennent toute la théorie du fatalisme spinoziste : elle est ici déjà complète, absolue, comme elle le sera dans l'*Éthique* : c'est un point sur lequel Spinoza est arrivé tout d'abord à une conclusion définitive, et où il n'aura rien à changer, rien à ajouter. Voyons-en les deux parties :

1° Dieu ne peut pas faire autre chose que ce qu'il fait.

a. De même que Dieu conçoit tout, de telle sorte que rien ne peut être conçu de plus parfait que ce qu'il a dans son entendement, de même il fait tout de manière qu'il ne peut y avoir rien de plus parfait que ce qu'il fait.

Spinoza sous-entend ici cette mineure, à savoir que, si Dieu pouvait faire autre chose que ce qu'il fait, on pourrait concevoir un monde plus complet et plus parfait que celui qui existe.

b. Ce serait une imperfection en Dieu de ne pas créer tout ce qu'il conçoit, car qui est-ce qui le déterminerait à choisir? et, s'il était déterminé par quelque cause, ce serait en lui une imperfection, car il obéirait à une cause moindre que lui-même.

c. Dieu doit avoir prédestiné toutes choses de toute éternité [1]; autrement, il ne serait pas immuable. Mais, dans l'éternité, il n'y a ni avant ni après. Dieu n'a donc pu être avant cette prédestination, ni sans elle. Donc il n'a jamais pu vouloir autre chose que ce qu'il a voulu.

d. Si Dieu ne faisait pas ce qu'il fait, ce serait pour une cause ou sans cause. Pour une cause? il serait donc nécessaire qu'il s'abstînt. Sans cause? il serait alors nécessaire pour lui de ne pas s'abstenir.

e. Soutenir que Dieu peut faire autre chose que ce qu'il fait, c'est se faire une idée fausse de la liberté divine, laquelle consiste exclusivement à n'être contrainte par aucune cause externe. Quant à la faculté de pouvoir ne pas faire le bien, c'est une imperfection, et elle enveloppe un défaut.

f. On soutient que le bien n'est bien que parce que Dieu l'a voulu, et qu'il pourrait faire que le mal devînt bien. C'est comme si l'on disait que Dieu est Dieu parce qu'il a voulu être Dieu [2].

g. Soutenir que Dieu aurait pu vouloir les choses autrement qu'elles ne sont, c'est dire qu'il eût pu avoir un autre entendement et une autre volonté, en d'autres termes qu'il aurait pu être autre qu'il n'est, et, comme il est souverainement parfait, qu'il aurait pu ne pas être parfait.

Voilà pour la première proposition : Dieu peut-il faire autre chose que ce qu'il fait?

1. La *prédestination* est donc la même chose que l'*action nécessaire*, quoique Spinoza distingue ces deux choses.

2. On voit que Spinoza considère ici la distinction du bien et du mal comme absolue, tandis qu'ailleurs, et même dans l'*Éthique*, il ne la considère que comme relative.

2° Quant à la seconde question, elle n'est qu'un corollaire de la première et se formule ainsi : Y a-t-il des choses contingentes? tout est-il nécessaire? C'est ce que Spinoza appelle la *prédestination*.

a. Ce qui n'a pas une cause déterminée d'existence est impossible. Or le contingent n'a pas une cause déterminée d'existence. Donc il est impossible.

b. On dira que le contingent a une cause déterminée d'existence, mais qu'elle est elle-même contingente. — Mais, de deux choses l'une : *ou bien* cette cause est en soi contingente, comme *chose* et non comme cause, et il lui faut une cause et à celle-ci une autre cause, et cela à l'infini; et, comme l'on a démontré que tout vient d'une cause unique, il faudrait que celle-là aussi fût contingente; ce qui est absurde; *ou bien* la cause, nécessaire en soi en tant que chose, serait contingente en tant que cause. Mais, si elle n'était pas déterminée à faire une chose plutôt qu'une autre, il serait impossible qu'elle en fît aucune.

Le mal. — L'objection du mal qui s'élève contre la providence s'élève aussi contre la prédestination.

On demandera : 1° comment Dieu, qui est parfait, a pu permettre un tel désordre dans le monde? 2° comment il a créé l'homme pécheur?

1° A la première de ces questions, Spinoza répond d'abord que nous ne connaissons pas le tout de l'univers, mais seulement quelques-unes de ses parties : nous ne pouvons donc juger de ce qu'elles sont dans leur rapport avec le tout.

D'ailleurs cette objection vient du préjugé des platoniciens sur les idées. On croit qu'il y a des idées-types avec lesquelles les choses doivent s'accorder. Les aristotéliciens eux-mêmes, qui nient de telles idées, les admettent implicitement lorsqu'ils disent, par exemple, que la Providence n'a pas eu égard aux individus, mais aux genres, que la science a pour objet les choses générales et non les choses individuelles. Ce sont là des préjugés. Il n'y a pas de choses générales, mais seulement des choses particulières, lesquelles sont ce qu'elles sont, c'est-à-dire conformes à leur propre essence. Si elles s'accordaient avec une autre essence, elles ne seraient plus elles-mêmes. Si tous les hommes étaient semblables à Adam avant le péché, ils seraient Adam. Mais Dieu donne à chaque chose son essence propre, et tout est parfait par rapport à Dieu.

2° Quant à ce qu'on appelle le péché, il n'existe qu'au point de vue de la raison humaine. Une chose est dite bonne quand elle convient au but pour lequel elle est faite, par exemple une horloge pour sonner l'heure. Chaque homme fait donc ce pour quoi il est fait; et ce n'est que relativement à la société humaine qu'il peut être appelé bon ou mauvais. Le bien et le mal ne sont donc que des modes de la pensée et non des choses réelles.

Spinoza revient encore sur cette question du mal dans le dernier chapitre de la seconde partie, et il se demande si le bien et le mal sont des êtres de raison ou des êtres réels.

Pour Spinoza, ce sont des êtres de raison, c'est-à-dire de pures conceptions de l'esprit. En effet :

1° Le bien n'est qu'une relation. Un homme est dit bon ou mauvais par rapport à un autre homme. Un fruit est dit mauvais, par comparaison avec un autre qui est meilleur. Nous appelons bonne une substance qui convient avec l'idée de cette substance, laquelle n'existe que dans notre esprit.

2° Tout ce qui est dans la nature se compose de *choses* ou d'*actions*. Or le bien et le mal ne sont ni des choses ni des actions. Il suit que ce ne sont pas des êtres réels, mais des êtres de raison.

Pour prouver que ce ne sont ni des choses ni des actions, Spinoza invoque cet argument un peu subtil : si le bien et le mal, dit-il, étaient des choses et des actions, ils seraient susceptibles de définition. Mais la bonté de Pierre et la perversité de Judas n'ont aucune réalité en dehors de l'essence de Pierre et de l'essence de Judas. Elles ne peuvent donc être définies. Donc elles ne sont rien de réel.

Nous avons retrouvé jusqu'ici toutes les théories

fondamentales de l'*Éthique*, mais moins développées : unité de substance, nécessité universelle, le bien et le mal considérés comme êtres de raison.

Voici maintenant une autre théorie de l'*Éthique*, mais qui cette fois se présente avec quelques développements de plus dans notre ouvrage; elle offre donc par là un certain intérêt. C'est la distinction entre la nature naturante et la nature naturée.

De la nature naturante et de la nature naturée. — Par nature naturante, Spinoza entend l'être par soi, qui est Dieu. La théorie de la nature naturante est donc contenue dans tout ce qui précède. Spinoza nous apprend ici qu'il emprunte cette expression aux thomistes : ce qui prouve en passant qu'il a eu une connaissance plus ample de la scolastique qu'on serait tenté de le croire.

Quant à la nature naturée, ce qu'il dit ici, quoique très-bref, est très-important et vient heureusement justifier une interprétation proposée par Emile Saisset et qui n'avait jusqu'ici qu'une valeur hypothétique[1]. Il s'agit de la doctrine des modes divins ou modes éternels, intermédiaires entre les attributs de Dieu, d'une part, et de l'autre les modes finis, qui constituent les choses particulières. Em. Saisset avait insisté sur cette théorie, dont il n'y a que des traces fugitives et obscures dans l'*Éthique*, mais qui est ici formellement énoncée en termes exprès.

Spinoza distingue deux sortes de nature naturée : l'une générale, l'autre particulière. La nature naturée générale consiste dans les modes qui *dépendent immédiatement* de Dieu. — La nature naturée particulière consiste dans les choses particulières causées par les modes généraux.

Quels sont ces modes généraux, qui dépendent immédiatement de Dieu? Il y en a deux : 1° le mouvement dans la matière; 2° l'intellect dans la pensée.

1° Le *mouvement* est un mode de ce genre, parce

1. Em. Saisset. *Introduction aux œuvres de Spinoza* (ch. XI).

qu'il est éternel et infini et qu'il dépend immédiatement de l'étendue divine. C'est, dit Spinoza, dans un langage un peu théosophique, le *Fils de Dieu*.

2° L'*intellect* est aussi un mode éternel et infini, qui dépend de la pensée de Dieu, comme le mouvement dépend de l'étendue de Dieu. C'est la faculté de tout connaître en tout temps clairement et distinctement : d'où résulte une félicité parfaite et immuable. Il y a ici une contradiction avec l'*Éthique*, au moins dans les mots : car, dans l'*Éthique*, si Spinoza reconnaît en Dieu l'attribut de la pensée, il lui refuse cependant un intellect, comme trop humain. Cependant la trace de ce mode infini, intermédiaire entre l'attribut de la pensée et les modes de la pensée ou les pensées particulières, subsiste encore, sous le nom d'*idée de Dieu*, qui, dans l'*Éthique*, est le seul mode de ce genre dont Spinoza fasse mention.

Toujours est-il que Spinoza, en attribuant à Dieu, dans ce premier ouvrage, non pas seulement la faculté impersonnelle de pensée, mais encore l'intelligence ou faculté de connaître accompagnée de bonheur, ce qui implique manifestement la conscience, laisse encore à Dieu une sorte de personnalité, qui s'effacera sans doute, mais ne disparaîtra jamais complètement, même dans l'*Éthique* [1].

IV

Des passions. — Après avoir traité de Dieu et de sa nature, Spinoza passe à l'étude de ses *modes*, non pas de tous, dit-il, car ils sont innombrables, mais de ceux qui concernent et qui constituent l'homme.

1. Sur la question de la personnalité divine dans Spinoza, on peut consulter Voigtländer, *Spinosa nicht pantheist, sondern theist* (Theol. Studien und Kritiken, 1841, Heft 3); Löwe, *Uber den Gottesbegriff Spinosa's*. (Stuttgart, 1862) et Böhmer, *Spinosana* (Zeitschrift für die exacte philosophie, 1863, t. XLI, p. 92).

Ici surtout, il y a lieu de faire remarquer la différence du *de Deo* et de l'*Éthique* : tout nous montre que le premier ouvrage n'est encore qu'une ébauche. Ainsi, par exemple, le second livre de l'*Éthique* manque presque entièrement; presque rien sur les corps [1], sur la nature de l'âme, sur la théorie si grave des idées adéquates et des idées inadéquates. Spinoza passe presque immédiatement à la théorie des passions : même sur ce point, quoique la théorie soit au fond la même, nous sommes encore loin de la savante, large et profonde exposition que l'on trouve dans l'*Éthique*. Seulement les conclusions finales, sur l'amour de Dieu, la liberté, l'immortalité de l'âme, sont à peu près semblables à ce qu'elles seront dans l'ouvrage définitif. On voit qu'à ce moment Spinoza était déjà en possession de ses principes et de ses conclusions, mais que le développement intermédiaire laissait encore beaucoup à désirer : nous apprenons par là comment un système peut s'enrichir et se perfectionner, même après que les fondements essentiels en ont été posés.

Spinoza commence par rappeler que l'homme n'est pas une substance : car, d'après les principes de la première partie, on sait : 1° que nulle substance ne peut commencer d'exister; 2° que nulle substance ne peut en produire une autre; 3° que deux substances égales ne sont pas possibles.

Si l'homme n'est pas une substance, il est encore plus évident qu'il n'est pas un attribut : il est donc un composé de modes et de modes divins; de plus, comme il pense et qu'il est uni à un corps, il est composé de modes de la pensée de Dieu unis à des modes de l'étendue de Dieu.

Comme dans l'*Éthique*, mais d'une manière beaucoup plus sommaire, et seulement dans une note, comme nous l'avons dit, Spinoza explique que la nature du corps consiste dans une certaine proportion de repos et de mouvement; mais il ne dit rien de plus des modes

1. Tout ce qui est relatif aux corps se réduit à une note de la *préface* de la 2e partie.

du corps et se borne à traiter des modes de l'esprit. Il examinera, dit-il : 1° quels ils sont; 2° quels en sont les effets; 3° quelles en sont les causes. Ces distinctions s'effacent un peu dans les discussions suivantes; et les trois questions paraissent se confondre l'une avec l'autre[1].

Les idées. — Les modes de l'esprit sont des *idées*. Sans définir ce terme, Spinoza se contente de nous dire qu'il y en a de quatre sortes, suivant qu'elles naissent : 1° du *ouï-dire*; — 2° de l'*expérience*; — 3° de la *foi vraie*; — 4° de la *connaissance claire et distincte*. Les deux premières réunies constituent l'*opinion*, et les quatre classes précédentes peuvent se ramener à trois : l'*opinion*, la *foi* vraie et l'*intuition* pure. Cette théorie est une de celles auxquelles Spinoza est resté le plus fermement attaché, car on la retrouve presque dans les mêmes termes, soit dans la *Réforme de l'entendement* (*de Emendatione intellectus*), soit dans l'*Éthique* (part. II, prop. XL, scholie) : dans ces différents endroits, il emploie le même exemple pour expliquer cette différence, à savoir la règle des proportions; car on peut connaître cette règle, soit : 1° parce qu'on l'a apprise d'un autre; 2° soit parce qu'on en a fait soi-même l'expérience et que l'on s'est assuré qu'elle était juste; 3° soit parce qu'on se l'est démontrée par le raisonnement; 4° soit enfin parce qu'on voit cette vérité immédiatement par l'intuition.

Cette échelle de connaissance correspond presque terme pour terme à la hiérarchie platonicienne, exposée dans le VII° livre de la *République* : on croirait même que Spinoza l'a empruntée à Platon, si l'on pouvait croire qu'il l'a lu; mais on n'aperçoit guère de trace de cette lecture dans ses écrits. Platon divise également la connaissance en quatre degrés, dont le premier est la foi aveugle (πίστις), le second l'apparence (εἰκασία); ces deux

1. Les modes semblent être les *idées*; les effets de ces modes, les *passions*; les causes sont ce qui distingue les passions bonnes des passions mauvaises.

premiers degrés réunis forment l'opinion (δόξα); le troisième est le raisonnement, ou la raison discursive (διάνοια); le quatrième, la raison pure ou intuitive (νόησις). On voit que, jusqu'aux dénominations, il y a similitude frappante, sinon identité absolue entre les deux théories.

De ces trois opérations fondamentales [1], la première seule, l'opinion, ou connaissance de premier degré, est sujette à errer : elle n'a lieu que dans les choses que nous connaissons par conjecture. La seconde s'appelle *foi* (fides), parce que nous ne voyons pas la chose en elle-même, mais d'une manière médiate, par le raisonnement; la dernière, ou connaissance de troisième degré, est fondée sur le *sens* et la *jouissance* même de la chose (*sensus* et *fruitio*).

Tels sont les *faits*, suivant Spinoza, c'est-à-dire les *modes* ou les *idées*. Voici maintenant les *effets*, qui ne sont eux-mêmes que d'autres modes, à savoir les *passions*.

Les passions. — Des deux premiers modes de connaissance (*ouï-dire* et *expérience*) naissent toutes les passions, en tant qu'elles sont contraires à la raison; du troisième mode (la *foi vraie*) naissent les bons mouvements de l'âme, ou les passions en tant qu'elles sont raisonnables; du quatrième mode (l'*intuition*) naît le vrai amour et tout ce qui s'y rattache.

Considérons d'abord les passions, et montrons par quelques exemples comment elles naissent de l'opinion.

Spinoza, comme Descartes, part de l'admiration [2], et il montre qu'elle vient d'une fausse opinion, et de ce que l'on s'est toujours habitué à croire que les choses ne peuvent pas être autres que nous sommes habitués à les voir : par exemple, habitués à voir des brebis à courte queue, nous nous étonnons de voir les brebis

1. Spinoza compte tantôt 4 degrés, tantôt 3, en réunissant les deux premiers.

2. L'admiration est prise ici surtout dans le sens d'étonnement.

du Maroc, qui ont la queue longue. Spinoza cite encore l'exemple du paysan qui a perdu sa vache et qui, l'ayant cherchée au delà de ses pâturages habituels, était étonné que le monde fût si grand. Il en est de même du philosophe qui ne conçoit pas d'autre univers que la petite terre où il vit.

La seconde passion est l'*amour*, qui peut naître soit du ouï-dire, soit de l'opinion, soit des idées vraies : 1° par exemple : amour d'un enfant qui aime une chose sur la parole de son père; amour de la patrie, pour lequel on va jusqu'à mourir; 2° amour pour une chose où nous croyons voir quelque chose de bon et que nous abandonnons pour une autre qui nous paraît meilleure : c'est ici la passion proprement dite; 3° quant à la troisième espèce d'amour, qui est l'amour vrai, ce n'est pas encore le lieu d'en parler.

La *haine*, ou passion contraire à celle de l'amour, naît de l'erreur, qui réside dans l'opinion; par exemple, lorsque nous croyons que telle chose est un bien, nous haïssons celui qui nous l'a ravie, ce qui est une erreur, puisque, en dehors du vrai bien, rien n'est que vanité et misère, et que le vrai bien ne peut nous être ravi. De même, il y a une sorte de haine qui naît du ouï-dire, par exemple les *haines religieuses* : allusion transparente aux persécutions odieuses dont Spinoza avait été la victime.

Le *désir* (cupiditas) est la tendance à obtenir ou à conserver les choses qui nous paraissent des biens; on voit donc qu'il naît de l'opinion : exemple, le malade qui attend son médecin avec impatience, croyant qu'il va le guérir.

Après ces premières observations bien sommaires, on le voit, Spinoza passe immédiatement à la théorie des passions *bonnes* et des passions *mauvaises*.

Si nous comparons ce qui vient d'être dit avec la partie correspondante de l'*Éthique*, il est facile de voir combien cette théorie est sèche et écourtée et combien elle a pris de développement et d'enrichissement dans l'ouvrage définitif : elle y comprend en effet un livre tout entier, le *de Affectibus*. Ici, Spinoza passe immédiatement à la distinction des passions bonnes et des passions mauvaises. Dans l'*Éthique*, avant d'aborder cette question, qui est l'objet du IVe livre, le *de Servitute*, il s'étend longuement dans le IIIe sur la nature des passions; avant de les étudier au point de vue moral, il les étudie au point de vue psychologique; il en recherche le mécanisme; il en développe l'enchaînement; il ne se borne pas à quelques passions fondamentales; il les poursuit dans toutes leurs combinaisons, dans toutes leurs ramifications, dans tous leurs replis.

Si maintenant nous considérons la théorie en elle-même, nous y verrons encore d'autres différences. Dans notre traité, Spinoza ne fait que reproduire la théorie de Descartes; dans l'*Éthique*, il en a une qui lui est propre. Ici, c'est l'admiration qui est la première des passions; dans l'*Éthique*, c'est le désir. Ici, la théorie des passions est rattachée à celle des quatre degrés de connaissance; dans l'*Éthique* elle se rattache à la théorie tout autrement nette et profonde des idées adéquates et des idées inadéquates. Enfin, dans notre écrit, il n'y a rien, ou rien que de vague, sur l'essence de la passion. Dans l'*Éthique*, au contraire, la passion est rattachée avec profondeur à « l'effort que fait chaque être pour persévérer dans l'être ».

Le bien et le mal. — Passons maintenant à la théorie du bien et du mal dans la passion, et, pour cela, revenons sur la distinction du bien et du mal, dont il a été déjà question plus haut.

Tout étant prédestiné dans la nature il n'y a en réalité ni bien ni mal : tout est ce qu'il doit être, parce qu'il est tout ce qu'il peut être. Cependant la distinction du bien et du mal, quoiqu'elle soit tout intellectuelle, doit avoir une signification : c'est cette signification qu'il faut rechercher, pour expliquer la différence des passions bonnes et des passions mauvaises.

Ici, Spinoza introduit une théorie nouvelle, qui se retrouvera dans l'*Éthique* (IVe partie, préambule), mais dont on ne voit pas trop le fondement dans sa philosophie : c'est la théorie de l'*homme parfait*, sorte de type emprunté à la théorie des idées de Platon et aussi à la théorie du sage stoïcien.

Il faut partir, dit Spinoza, de l'idée de l'*homme parfait*. Cette idée est un type d'après lequel nous mesurons toutes les actions de l'homme : ce qui conduit à la réalisation de ce type est bon; ce qui en éloigne est mauvais. Le bien et le mal n'ont donc de sens que par rapport à l'espèce et non par rapport à l'individu. Dans l'individu, par exemple dans Adam, il n'y a pas un être idéal, un être de raison avec lequel nous puissions comparer l'être réel, pour voir s'il s'en approche ou s'il s'en éloigne, car, dans l'être individuel, la fin ou l'essence ne nous est connue que par le résultat, par l'événement. C'est donc seulement par rapport à l'espèce que l'individu peut être dit bon ou mauvais.

Le bien et le mal (tels que nous venons de les définir, à savoir ce qui approche ou éloigne de la réalisation de l'homme parfait) nous sont révélés dans les objets par nos divers modes de connaissance. Or l'opinion nous induit souvent en erreur; la foi vraie est bonne en ce qu'elle conduit à la connaissance, parce qu'elle nous excite à aimer les choses vraiment aimables. La connaissance vraie, l'intuition, est la seule absolument bonne, et d'autant meilleure que son objet est meilleur; par conséquent, la plus parfaite de toutes les connaissances est celle de Dieu.

Tels sont les principes d'après lesquels on peut juger des bonnes et des mauvaises passions.

1° *L'admiration* implique une imperfection, parce qu'elle vient du préjugé et de l'ignorance : mais ce n'est qu'une imperfection et non un mal ; l'admiration ou l'étonnement ne contient aucun mal en soi.

2° *L'amour* est l'union de l'esprit avec son objet. Il se qualifie d'après la qualité de l'objet.

Or il y a trois sortes d'objets : les *corruptibles* en soi, les *incorruptibles par leur cause*, et l'*incorruptible absolu*.

Les premiers sont les choses particulières; les seconds sont les modes généraux ou modes divins; le troisième est Dieu, c'est-à-dire la substance et ses attributs,

L'amour est d'autant meilleur que son objet est plus pur et plus élevé. Mais il est cependant impossible de s'en libérer absolument, même pour les choses inférieures; et celui-là même nous est utile et nécessaire à cause de notre faiblesse. Ainsi l'amour des choses corruptibles, quoique étant le moins bon en soi, est cependant nécessaire, parce que ces choses sont nécessaires à notre existence; mais, comme elles sont caduques, elles ne nous apportent aucune force, et même elles nous nuisent : étant des biens misérables, elles nous rendent misérables, et elles nous privent des vrais biens. En outre, ces biens (comme l'ont dit Epictète et Descartes) ne dépendent pas de notre volonté, et par là encore ce sont des biens inférieurs, qui n'en sont pas réellement pour nous. Ce n'est pas que Spinoza admette que nous soyons une cause libre; mais nous entendons, dit-il, par choses qui sont en notre pouvoir les actions que nous accomplissons conjointement avec la nature dont nous sommes une partie; et, par choses hors de notre pouvoir, celles qui s'accomplissent hors de nous et sans nous et sur lesquelles nous ne pouvons rien; ainsi nous pouvons augmenter la somme de nos connaissances, mais nous ne pouvons pas produire ou empêcher les intempéries de l'air.

Quant à la seconde classe d'objets, les incorruptibles par leur cause, nous ne pouvons les concevoir sans Dieu; nous ne pouvons donc les aimer sans aimer Dieu, puisque notre amour change d'objet aussitôt qu'il rencontre quelque chose de meilleur.

Reste enfin l'amour de Dieu, le seul amour qui soit absolument bon, parce que son objet est absolument incorruptible.

Quant à la *haine*, pour savoir si elle est bonne ou mauvaise, Spinoza se demande si nous pouvons agir *avec* ou *sans* passion : avec passion, comme le maître qui s'emporte contre son serviteur; sans passion, comme Socrate se refusant à châtier un esclave pris en faute. Lequel vaut le mieux, de vouloir échapper aux choses par la haine ou l'aversion, ou de s'y résigner par la raison? On reconnaîtra sans doute qu'il n'y a pas de mal à agir *sine irâ, sine odio*; mais, si cela n'est pas mal, cela est bien, car il n'y a pas de milieu entre le bien et le mal. En outre, la haine vient de l'opinion, car une chose qui nous paraît mauvaise en un temps peut nous paraître bonne en un autre temps.

En résumé, l'amour est toujours bon, parce qu'il tend à notre accroissement et à notre perfectionnement; la haine et ses dérivées (l'aversion, l'envie, la colère) sont toujours mauvaises, parce qu'elles tendent à notre destruction.

On remarquera que cette dernière idée, qui deviendra fondamentale dans l'*Éthique* et sera la base de toute la théorie des passions, ne se présente ici qu'en sous-ordre et d'une manière secondaire sans que Spinoza ait encore pensé à en faire le principe de sa doctrine.

Le *désir* et la *joie* venant de l'amour, tout ce que nous avons dit de l'amour s'applique à ces passions.

Quant à la *tristesse*, elle est mauvaise, parce que, quand nous sommes tristes, nous sommes impuissants à agir : celui qui connaît Dieu ne peut être triste. Il faut donc éviter la tristesse.

Voici maintenant la série des autres passions. Spinoza en donne la définition, en y ajoutant, pour quelques-unes, la qualification de bonnes ou de mauvaises.

L'*estime* et le *mépris* sont un amour ou une haine pour quelque objet considéré comme plus grand ou plus petit que nous. La *générosité* consiste à connaître sa propre perfection selon sa vraie valeur; l'*humilité*, à connaître son imperfection sans se mépriser soi-même; l'*orgueil*, à s'attribuer une perfection qu'on n'a pas; l'*abjection*, à s'attribuer une imperfection qu'on n'a pas.

On voit par là que la générosité et l'humilité sont des passions bonnes puisqu'elles apprennent à chacun à se connaître lui-même, ce qui est nécessaire à la perfection. L'orgueil et l'abjection, au contraire, venant d'une fausse opinion de soi-même, sont mauvaises.

Passons à l'*espérance* et à la *crainte*.

Pour comprendre la nature de ces passions, il faut distinguer les idées : 1° par rapport aux choses qu'elles représentent; 2° par rapport à celui qui possède ces idées. — Quant aux choses, elles peuvent nous paraître ou *possibles* ou *nécessaires*. Quant à celui qui possède ces idées, elles peuvent le déterminer à agir de deux manières, soit pour que la chose arrive, soit pour qu'elle n'arrive pas.

Cela posé, l'espérance a lieu quand nous croyons qu'une chose bonne est possible; c'est une joie mêlée de quelque tristesse.

La crainte est une tristesse qui a lieu quand nous considérons comme possible une chose mauvaise.

Si une chose future est considérée comme bonne et nécessaire, c'est la *sécurité* : si elle est mauvaise, c'est le *désespoir*.

Voilà pour les idées en elles-mêmes : voyons maintenant celles qui ont rapport à celui qui a les idées.

1° Quand nous pensons qu'il y a quelque chose à faire et que nous hésitons, c'est la *fluctuation*; 2° quand l'âme est fortement résolue, c'est l'*intrépidité*; 3° quand elle a décidé quelque chose de difficile, c'est l'*audace*; 4° s'il s'agit de quelque chose qu'un autre a fait, c'est l'*émulation;* 5° si nous reculons devant une chose à faire, c'est *pusillanimité*; 6° si elle est très-grande, c'est *consternation*; 7° si nous voulons jouir d'un bien à nous tout seuls, c'est la *jalousie*.

De toutes ces passions, qui dérivent toutes, comme on voit, de l'espoir et de la crainte, quelles sont les bonnes, quelles sont les mauvaises?

Espérance, *crainte*, *sécurité*, *desespoir* et *envie* sont des passions mauvaises, car nous avons vu que tout est nécessaire; or toutes ces passions naissent de la fausse opinion que les choses peuvent arriver ou ne pas arriver; et quoique cette raison ne paraisse pas valoir contre la sécurité et le désespoir, cependant ces deux passions sont mauvaises, parce qu'elles n'auraient pas lieu si l'espérance et la crainte n'avaient pas précédé. Ni l'une ni l'autre ne se rencontrent dans l'homme parfait, qui ne s'attache pas aux choses passagères, et immuables.

La *fluctuation*, la *pusillanimité*, la *consternation* sont évidemment mauvaises par elles-mêmes, car rien d'utile ne peut être obtenu par des actions négatives. Quant à *l'audace*, à *l'intrépidité* et à *l'émulation*, nous n'avons qu'à reproduire ce que nous avons dit de l'amour ou de la haine.

Du *remords* et du *repentir*. — Ces affections n'ont lieu que par précipitation de jugement; le premier vient de ce que nous doutons si ce que nous faisons est bon ou mauvais; le second vient de ce que nous avons fait quelque chose de mauvais. On croit généralement que ce sont de bonnes affections, parce qu'elles ramènent au bien : c'est une erreur. C'est l'amour et non le remords qui ramène au bien; et, comme ce sont des modes de la tristesse, ils sont plutôt nuisibles qu'utiles.

La *raillerie* et la *plaisanterie*. — Ces deux passions sont mauvaises, parce qu'elles reposent sur une fausse opinion et montrent une imperfection, soit dans le *raillé*, soit dans le *railleur* : 1° dans le raillé, car c'est supposer qu'il est une cause libre de ses actions; 2° dans le railleur; car ou la chose est risible, ou elle ne l'est pas : si elle ne l'est pas, il est d'une nature perverse d'en rire; si elle l'est, il doit essayer de la corriger, non de s'en moquer. Pour ce qui concerne le *rire*, il faut s'en référer à ce qui a été dit plus haut de la joie : je parle du rire naissant d'une idée et sans mélange de méchanceté. Quant au rire purement matériel, il n'est ni bon ni mauvais. Il n'y a pas à en parler.

L'honneur est une joie de se voir loué et estimé par autrui. La *honte* est une tristesse de se voir méprisé par autrui. L'*impudence* est l'absence de toute pudeur. Celle-ci est évidemment mauvaise; mais les deux autres sont non-seulement inutiles, mais nuisibles, parce qu'elles naissent de la fausse opinion que l'homme est la cause libre de ses actions. Cependant Spinoza ne recommande pas le cynisme; il veut même qu'on fasse quelque concession à l'opinion extérieure : par exemple, si avec tel habit on rend la sagesse ridicule, on fera bien d'en prendre un qui n'offense personne et de se rendre le plus possible semblable à son prochain, afin de le gagner à soi, et par cela même d'être plus en état de lui être utile.

Faveur (bienveillance), *reconnaissance.* — Quoique ces passions paraissent bonnes, Spinoza les trouve cependant inutiles dans l'homme parfait, car celui-là n'a pas besoin de motif pour être encouragé à faire le bien; et même il y est plus engagé encore envers le méchant, parce qu'il découvre en lui une plus grande misère. Quant à l'*ingratitude*, elle est, comme l'impudence, essentiellement mauvaise.

Enfin, la dernière passion est le *regret*, c'est-à-dire *la tristesse d'un bien perdu que nous désirons recouvrer;* c'est une imperfection, car nous avons vu que c'est un mal de s'attacher aux choses extérieures.

En résumé, les passions bonnes sont celles sans lesquelles nous ne pourrions être ni durer : par exemple, l'amour, le désir et tout ce qui touche à l'amour. Les mauvaises sont celles sans lesquelles nous pouvons exister. En d'autres termes, le fondement de toutes les passions est l'amour, et le seul objet digne d'amour est Dieu. Par là doivent être rejetées toutes les passions qui ont pour objet les choses finies aimées pour elles-mêmes et non pas pour Dieu.

Cette théorie n'est pas au fond très-différente de la théorie stoïcienne, et elle conclut, comme celle-ci, à une sorte d'*ataraxie* ; on la retrouvera dans l'*Éthique*, plus savante et plus précise; mais ce sera toujours une doctrine de *quiétisme*, comme il est inévitable à tout système qui nie la personnalité humaine et la réalité de l'être fini.

V

Le vrai et le faux. Le libre arbitre. — Avant d'aller plus loin, Spinoza croit devoir définir le vrai et le faux comme il a défini le bien et le mal. Le vrai est l'affirmation ou la négation d'un objet, laquelle convient ou ne convient pas avec cet objet. Le faux est le contraire. Ce sont l'un et l'autre des modes de la connaissance, qui ne diffèrent qu'au point de vue logique, non réel. S'il en est ainsi, d'où peut venir l'erreur?

Pour Spinoza, comme pour Descartes, la clarté de l'idée est la seule preuve possible de l'idée : ce qui est le plus clair possible n'a pas besoin d'être éclairci par quelque chose de plus clair. L'idée porte donc sa certitude avec elle. Il est vrai que l'erreur peut être accompagnée aussi d'une espèce de certitude; mais c'est une illusion. Celui qui rêve peut croire qu'il veille; mais celui qui veille ne peut pas croire qu'il dort.

Maintenant, pourquoi l'un possède-t-il la vérité, et l'autre non? C'est que l'affirmation de l'un a plus de réalité que l'affirmation de l'autre. Comprendre, selon Spinoza, est un fait purement passif : c'est une modification de l'âme. Or, lorsqu'on est affecté par la totalité de l'objet, on en a une idée complète; et c'est là l'idée *vraie*; au contraire, l'erreur n'est qu'une idée incomplète : c'est l'action produite en nous par un moins grand nombre de causes et moins profondes. On voit par là la différence de la vérité et de l'erreur. Celui qui est affecté par tout l'objet en a une idée complète qui ne peut pas changer, car l'essence des choses est immuable; celui qui, au contraire, n'a vu qu'une face des choses, en a une idée qui peut changer, car les choses ont plusieurs faces. De là l'instabilité de l'erreur. Il n'y a donc pas entre la vérité et l'erreur une différence de nature, mais de degrés; l'une a plus de réalité que l'autre, voilà tout. — Tel est le germe de la théorie des idées adéquates et des idées inadéquates, qui jouera un si grand rôle dans l'*Éthique*.

Le vrai et le faux une fois définis, reste à savoir si nous pouvons y parvenir librement ou si nous sommes nécessités à choisir l'un ou l'autre. C'est la question du libre arbitre, que Spinoza introduit ici, parce que dans l'école cartésienne le choix entre le vrai et le faux était considéré comme aussi libre qu'entre le bien et le mal.

Suivant Spinoza, tout ce qui ne possède pas l'existence par soi-même doit avoir une cause externe : or la volition n'a pas d'existence par son essence propre;

elle doit donc avoir une autre cause qu'elle-même; elle n'est donc pas libre. On soutient que cette cause, c'est la volonté même, laquelle est distincte de l'entendement, quoique liée avec lui; mais ce sont là des êtres de raison : car si c'étaient des êtres réels, ce seraient des substances; et comme l'âme, dit-on, dirige l'une et l'autre, il y aurait là encore une troisième substance.

Cette objection, que Spinoza du reste développe assez peu, ne paraît pas trop s'accorder avec son propre système, car lui-même, entre la substance et les modes, admet un intermédiaire, qu'il appelle l'attribut. On ne dira cependant pas qu'il admet trois substances en Dieu, parce qu'outre la substance, il reconnaît encore deux attributs, l'étendue et la pensée. Toute la question est de savoir s'il y a des substances finies; mais, s'il y avait de telles substances, on ne voit pas pourquoi ces substances n'auraient pas des attributs, tout comme la substance infinie elle-même. On voit donc que l'on pourrait admettre, même selon Spinoza, la volonté et l'entendement comme réels, sans en faire des substances. L'âme en tant que produisant des actes sera considérée comme capable de les produire et s'appellera volonté; et, en tant que produisant des idées et capable de produire ces idées, elle s'appellera intelligence. Il n'y aurait rien là que de conforme aux principes de Spinoza.

Une seconde objection, plus profonde que la précédente, est celle-ci : la volonté ne peut pas être essentiellement distincte de l'intelligence; car, si l'idée n'est pas dans la volonté, l'amour ne pourra pas y naître; on ne peut vouloir quelque chose dont l'idée ne soit pas dans la puissance voulante elle-même. Admettra-t-on que la volonté, par son union avec l'intelligence, pourra percevoir ce qui est dans l'entendement, et par conséquent l'aimer? mais percevoir est un mode de l'intelligence. Lors même qu'on supposerait entre la volonté et l'entendement une union semblable à celle qui existe entre l'âme et le corps, cela ne servirait à rien, car le corps par son union avec l'âme ne devient pas par là sentant, et l'âme ne devient pas étendue par son union avec le corps ; tandis qu'ici, pour vouloir quelque chose, il faut que la volonté devienne connaissante, et l'entendement actif : il faut donc que les deux facultés s'empruntent réciproquement leurs attributs respectifs.

Cette objection repose précisément sur l'hypothèse que Spinoza vient de combattre tout à l'heure et qui ferait de la volonté et de l'entendement deux substances distinctes : mais, si c'est l'âme qui veut et qui pense en même temps, qu'y a-t il d'étrange à ce que, étant capable de connaître, elle soit en même temps capable de vouloir?

Troisième objection : le libre arbitre est en contradiction avec la doctrine cartésienne de la création continuée. Une chose qui n'est pas capable de se conserver elle-même, même un seul instant, peut encore moins être en état de produire quelque action. Par quelle puissance le pourrait-elle faire? Ce ne peut être par une puissance passée, qui ne serait plus. Est-ce par une puissance présente? Mais elle n'en a pas la moindre qui lui permette de durer un seul instant. Dieu est donc la cause unique, et par conséquent tous les actes de notre volonté sont déterminés par lui.

D'où vient donc l'erreur si répandue du libre arbitre? De l'habitude de réaliser des abstractions. L'homme, voyant des volitions particulières, se fait une idée générale de la volonté, comme il se fait une idée générale de l'homme. Puis il réalise cette volonté et en fait un être. Il se demande pourquoi l'homme veut ceci ou cela, et il répond : Parce que c'est sa volonté. Mais la volonté, n'étant que nos volitions généralisées, n'a aucune puissance pour les produire. Il n'y a donc pas lieu de se demander si la volonté de l'homme est libre ou non, puisqu'elle n'existe pas.

Comment expliquer maintenant l'affirmation et la négation? Ce n'est pas, comme le veut Descartes, par un acte de volonté, puisqu'il n'y a pas de volonté : c'est la chose elle-même qui s'affirme ou se nie dans notre esprit.

On se persuade cependant qu'on peut affirmer ou nier à volonté : mais cette illusion vient de ce qu'on ne distingue pas les *pensées* et les *mots* que nous employons pour les exprimer. En changeant les mots ou les signes, nous pouvons faire sentir aux autres hommes autre chose que ce que nous sentons; mais nous ne pouvons pas nous-même sentir autrement que nous le faisons réellement.

On objecte que si c'est la chose elle-même qui s'affirme ou se nie en nous, il n'y a plus de faux, il n'y a plus d'erreur. Sans doute, il n'y a pas d'erreur absolue; ce qui serait incompréhensible; mais l'erreur vient de ce que nous ne voyons qu'une partie de tout, et que nous prenons cette partie pour le tout lui-même.

Enfin on invoque que nous pouvons, en fait, vouloir ou ne pas vouloir, affirmer ou nier : c'est là une erreur qui vient de ce qu'on ne distingue pas le désir de la volonté; voyons donc la différence de l'un et de l'autre.

Suivant Spinoza, la volonté, c'est la puissance d'affirmer ou de nier; le désir, c'est l'inclination de l'âme portée vers un objet qu'elle considère comme bon. Or nous avons vu que la volonté n'était pas libre : voyons si le désir l'est davantage.

D'abord, le désir dépend de nos idées, qui elles-mêmes, nous l'avons vu, dépendent d'une cause externe. De plus, les hommes passent d'un désir à un autre sans savoir ce qui les détermine à ce changement, et ce ne peut être encore qu'une cause externe. Par exemple, si je fais entendre à un petit enfant le bruit d'une sonnette, est-il possible qu'il n'ait pas immédiatement le désir de l'entendre encore et de la posséder? En effet, si je suppose qu'il ne connaisse actuellement rien autre de meilleur, pourquoi préférerait-il à ce bien présent un autre dont il n'aurait pas l'idée? Mais, dira-t-on, il peut renoncer à son désir. Comment le pourrait-il? Qui est-ce qui pourrait détruire en lui ce désir? Serait-ce ce désir lui-même? mais il n'est aucune chose qui tende à sa propre destruction; la seule chose qui puisse l'affranchir de ce désir, c'est que par la nature et l'ordre des choses il reconnaisse quelque autre objet meilleur et plus séduisant. En outre, il n'y a pas plus de désir en soi que de volonté en général; il n'y a que des désirs particuliers, comme des volitions particulières. Dire que le désir est libre, ce serait dire qu'il est cause de soi; en d'autres termes, qu'il s'est produit lui-même avant d'exister.

On voit que le désir n'est pas plus libre que la volonté. La seule apparence de liberté vient de l'opposition de ces deux choses : le désir s'étend plus loin que la volonté; nous pouvons désirer ce que nous ne voulons pas et vouloir ce que nous ne désirons pas : mais Spinoza n'a pas suffisamment éclairci ce point.

Quelles sont les conséquences de la doctrine précédente, à savoir de la négation du libre arbitre? Les voici :

1° Nous dépendons de l'être parfait, comme la partie du tout; nous devons être les serviteurs de Dieu, et c'est là notre principale perfection.

2° Nous n'avons pas à nous enorgueillir de nos actes.

3° Nous aimerons notre prochain et n'aurons contre lui ni haine ni colère.

4° Dans le service de la république ou de l'état, nous ne ferons acception de personne.

5° Cette doctrine nous délivre de la tristesse.

6° Elle nous conduit à ne pas craindre Dieu comme s'il était le diable;

Et 7° à tout attribuer à Dieu, à l'aimer seul, comme ce qu'il y a de plus auguste et de plus saint, et à y placer tout notre salut.

Nous arrivons ainsi à la dernière théorie de l'ouvrage, la théorie du *salut* ou de la béatitude (*Welstand*). Cette théorie n'est pas exposée d'une manière très-suivie, et elle contient plusieurs discussions épisodiques : c'est elle cependant qui domine jusqu'à la fin du livre.

L'UNION DE L'AME ET DU CORPS. — Mais, pour entrer plus avant dans cette théorie du salut, il faut rechercher les causes de nos passions, et pour cela distinguer la part du corps et celle de l'âme. Spinoza introduit donc ici une discussion sur l'union de l'âme et du corps, qui eût été beaucoup mieux à sa place un peu plus haut.

Le corps humain est un mode de l'étendue; et comme l'étendue est un attribut, et que Dieu possède tous les attributs, il doit posséder celui-là. Mais de quelle étendue s'agit-il? Serait-ce d'une étendue qui n'existerait qu'*éminemment*[1], comme on dit dans l'école? Spinoza répond que non, car il n'y a pas deux étendues : c'est donc de l'étendue réelle, de celle qui est dans la nature, que notre corps fait partie.

Maintenant on remarquera que nous ne pouvons attribuer qu'à l'étendue les modes qui dérivent de l'étendue, et à la pensée les modes qui dérivent de la pensée; chacun de ces modes ne peut avoir pour cause que l'attribut dont il est le mode.

Il s'ensuit que la pensée ne peut produire un mouvement, ni le mouvement une pensée. Le mouvement a pour cause le mouvement; la pensée a pour cause la pensée.

Il semble donc résulter de là qu'il n'y a aucune espèce d'union possible entre les deux parties de l'homme. Cependant Spinoza, suivant ici les traces de Descartes, ne pousse pas encore jusqu'à l'extrémité, comme le fera Leibniz, l'idée de la séparation. Il accorde que si l'âme ne peut pas produire du mouvement, elle peut du moins changer la direction du mouvement. L'âme n'est autre chose que l'idée du corps; et, unie avec celui-ci, elle constitue l'unité de l'homme; c'est en tant qu'idée du corps qu'elle peut agir sur la détermination du mouvement : doctrine que Leibniz a combattue plus tard, soutenant que l'âme ne peut pas plus créer la direction du mouvement que le mouvement lui-même. Réciproquement, les modes de l'âme, tels que les passions, ne peuvent avoir pour cause que la pensée et non l'étendue.

Seulement, de la communication et action réciproque

1. Par le mot *eminenter*, on entendait dans l'école, une manière d'exister supérieure et plus parfaite : par exemple, la science de l'écolier existe éminemment dans le maître. Spinoza paraît faire allusion ici à une doctrine semblable à celle de l'*étendue intelligible* de Malebranche; mais celui-ci n'avait rien publié avant 1674, et le travail actuel doit être bien antérieur.

des attributs, il résulte que, tandis que les esprits, en vertu des lois du corps et du mouvement, se portent d'un côté, de l'autre, en vertu des idées de l'âme, ils tendent à prendre une autre direction; de là les combats, les agitations, les anxiétés qui caractérisent les passions. Mais cette action de l'âme sur le corps est empêchée dans deux circonstances : soit lorsqu'il n'y a plus assez d'esprits (jeûne, fatigue), soit lorsqu'il y en a trop (ivresse); dans ces deux cas, l'âme n'a plus le pouvoir de diriger le corps.

Voilà en quoi consiste l'action de l'âme sur le corps : considérons la réciproque, c'est-à-dire celle du corps sur l'âme. La doctrine de Spinoza sur ce point est confuse et assez peu satisfaisante. La seule action que le corps puisse exercer sur l'âme, selon lui, c'est de se faire connaître à elle : ce qui ne peut avoir lieu que par les seuls modes du corps, le mouvement et le repos; or, comme c'est le corps et les corps que nous connaissons d'abord, il est naturel que nous aimions d'abord les corps par-dessus tout. Mais, aussitôt que nous connaissons Dieu, nous nous unissons à lui, comme à un bien infiniment supérieur à celui du corps.

Comment se fait ce passage? Ici encore, les explications sont des plus confuses. Spinoza semble préoccupé de cette idée que si le corps était la cause principale de nos passions, on ne pourrait se délivrer des passions par un acte intellectuel. Mais le corps n'est pas la principale cause de nos passions : car il n'agit sur l'âme qu'en tant qu'objet, et conséquemment par son idée. Reste donc que ce soit l'idée qui soit la cause principale de nos passions : dès lors, une autre idée qui nous présentera un objet meilleur que le premier pourra faire naître un nouvel amour meilleur que le précédent, et le meilleur des objets provoquera en nous le meilleur et le plus pur des amours.

Cette doctrine sur l'union de l'âme et du corps soulève les objections suivantes : 1° Si le mouvement corporel n'est pas la cause des passions, comment une passion, par exemple la tristesse, peut-elle être écartée par une cause corporelle, telle que le vin?

Réponse. — La tristesse est produite par l'opinion qu'il y a du mal dans un objet : cette idée détermine le cours des esprits vers le cœur et exerce une pression qui cause de la douleur. Or, le vin ou telle autre cause, en détournant le cours des esprits, supprime cette douleur : l'âme, délivrée, se porte vers un autre objet qui peut lui procurer du plaisir. Telle est l'explication que Spinoza donne dans une note; dans le texte, il dit, plus simplement encore, que la tristesse a lieu quand l'âme sent que la puissance de diriger les esprits lui est enlevée; mais, si une cause quelconque rétablit les esprits dans leur situation antérieure, l'âme éprouve de la joie; seulement, si c'est par une cause purement matérielle, cette joie est éphémère et fragile; si c'est par une bonne passion, c'est une joie persistante et absolue.

2° Si l'âme peut diriger le mouvement, pourquoi ne le produirait-elle pas?

Réponse. — La nature, quoique ayant plusieurs attributs, n'est cependant qu'un seul être, de telle sorte qu'il n'y a qu'une seule chose pensante dans toutes les natures. Le corps prenant d'un côté le mode du corps de Pierre, de l'autre le mode du corps de Paul, il s'ensuit qu'il y a une idée de Pierre et une idée de Paul : or la chose pensante peut mouvoir le corps de Pierre par l'idée de Pierre, mais non le corps de Paul, lequel ne peut être mû que par sa propre idée; il en est de même de tout autre corps [1].

3° Il semble enfin que nous puissions produire du repos dans notre corps, par exemple la lassitude, par le moyen de l'exercice de nos membres.

Réponse. — L'âme peut produire le repos, mais non pas directement : c'est seulement par le moyen d'autres

1. Cette réponse ne paraît pas satisfaisante, ou du moins pas assez précise. Elle prouve bien qu'on ne peut mouvoir les autres corps que par le moyen du sien propre : mais elle ne prouve pas que l'homme, dans son propre corps, ne puisse pas produire de mouvement, et qu'il ne soit capable que de le diriger.

corps qui communiquent aux esprits autant de repos qu'ils ont reçu de mouvement.

La conclusion de toute cette théorie, très-incomplète, sur l'union de l'âme et du corps, c'est que l'âme ne triomphe pas des passions par une action directe sur le corps, mais en substituant la connaissance vraie aux degrés inférieurs de l'entendement.

L'AMOUR DE DIEU ET L'IMMORTALITÉ DE L'AME — Ce n'est donc pas la raison, c'est-à-dire le raisonnement, qui peut nous donner le salut ou la régénération; c'est la connaissance intuitive, celle qui va droit à l'objet et qui, nous en montrant l'excellence, nous y unit par l'amour.

C'est cette union qu'il faut expliquer. Tout objet de la nature a son idée; plus cet objet est parfait, plus l'union de cette idée avec son objet est intime et parfaite. Le corps humain a donc son idée et cette idée est son âme : or, comme c'est là le premier objet de cette idée, c'est avec ce corps qu'il est d'abord intimement uni; mais, comme l'esprit ne peut se reposer dans l'idée du corps, elle passe nécessairement à la connaissance de celui sans lequel le corps ne saurait ni exister ni être conçu; et puisque le corps engendre déjà un amour des plus vifs, combien plus grand encore ne devra pas être l'amour engendré par le plus grand des objets, c'est-à-dire par Dieu! Comment se fait ce passage, suivant Spinoza, à savoir le passage de l'amour du corps à l'amour de Dieu? C'est que la nature n'est qu'une seule substance, et que toutes les choses s'unissent en Dieu. En s'unissant au corps, l'âme s'unit donc à Dieu : et c'est l'impossibilité de comprendre le corps sans Dieu qui nous fait passer de l'un à l'autre.

1. Spinoza introduit encore ici une question épisodique qui eût été mieux à sa place dans la discussion du libre arbitre, à savoir : comment, sachant qu'une chose est bonne, nous choisissons celle que nous connaissons pour mauvaise? La réponse est que le raisonnement (qui est une opération médiate) est impuissant contre les passions qui naissent du fond même de l'âme (chap. XXI).

L'amour de Dieu nous donne le salut éternel, et par conséquent l'âme est immortelle. Comment faut-il entendre cette doctrine dans Spinoza?

La durée d'un esprit, c'est-à-dire d'une idée, est relative à la durée de l'objet dont elle est l'idée. Or, tant que l'âme n'est autre chose que l'idée du corps et qu'elle s'unit au corps seul par l'amour, sa durée est relative à la durée du corps; elle est donc mortelle comme lui. Mais l'âme n'est pas seulement l'idée du corps; elle est aussi une idée de Dieu, et elle peut s'unir à lui. Or, en tant qu'elle s'unit à un objet éternel et immuable, elle devient elle-même éternelle et immuable comme lui; et, par là, elle est non-seulement immortelle, mais éternelle.

Cette théorie est celle de l'*Éthique*, mais elle n'a pas encore la netteté et la précision qu'elle prendra dans l'*Éthique*; on sait que, dans cet ouvrage, la doctrine de l'immortalité de l'âme repose sur la théorie des idées adéquates et des idées inadéquates; théorie qui n'est qu'ébauchée ici. On ne voit pas bien, par exemple, comment l'âme qui, par définition, n'est encore que l'idée du corps, peut s'unir à Dieu; si elle peut sortir du corps pour s'élever à Dieu, c'est qu'elle est autre chose qu'une idée du corps : qu'est-elle donc? On ne le dit pas clairement. Dans l'*Éthique*, au contraire, Spinoza insiste beaucoup plus sur le côté éternel de l'âme, et sur son union avec Dieu.

Après avoir traité de l'amour de l'homme pour Dieu, il est à propos de traiter de l'amour de Dieu pour l'homme. Spinoza nie l'existence d'un tel amour, par les raisons suivantes : 1° On ne peut supposer en Dieu aucun mode de penser autre que celui qui est dans les hommes. Donc Dieu ne peut avoir d'amour, encore moins de haine pour les hommes. En outre, ce serait supposer le libre arbitre chez les hommes. 2° Il ne peut pas commencer à aimer (encore moins à haïr), déterminé à cela par des causes particulières.

Ce n'est pas à dire pour cela que Dieu soit indifférent aux hommes et qu'il les abandonne à eux-mêmes, car il est en eux, et c'est lui-même qui constitue leur essence, de sorte qu'il n'y a pas lieu à un amour distinct de celui qu'ils ont pour eux-mêmes.

Les lois de Dieu. — Cela posé, y a-t-il des lois imposées par Dieu aux hommes et suivies de récompenses et de punitions?

Non : les lois de Dieu sont celles que nous ne pouvons pas transgresser. Ce sont les lois de la nature, comme celle-ci : que le faible doit céder au fort, ou qu'une cause ne peut pas donner plus qu'elle n'a. Ces sortes de lois sont nécessaires et inviolables.

Les seules lois qu'on puisse transgresser, ce sont les lois humaines, lesquelles tendent non au bien du tout en général, mais au bien de la partie.

Il semble alors, d'après ces principes, que les lois morales proprement dites, c'est-à-dire celles qu'on peut violer, ne sont que des lois partielles, subordonnées aux lois de la nature, qui sont les lois du tout. En un mot, le bien et le mal moral n'ont de valeur que par rapport à l'homme, et n'en ont pas absolument et en soi; même, elles seraient plutôt contraires à l'intérêt du tout, en supposant, ce qui est impossible, qu'elles pussent prévaloir contre les lois de la nature.

Mais Spinoza donne un autre tour à sa doctrine, qui va la concilier avec les principes reçus.

La fin propre d'un être, dit-il, peut servir en même temps, à l'insu de cet être, à une fin plus relevée. C'est ainsi que l'abeille, en faisant du miel, travaille à l'intérêt de l'homme. De même l'homme, tout en croyant travailler seulement à son intérêt, sert en même temps aux fins de la nature en général, qui l'emploie comme un instrument. Ainsi, les lois morales portées par l'homme, tout en n'étant directement provoquées que par l'idée du bien de l'humanité, sont en même temps des moyens subordonnés à la fin de l'univers.

On remarquera dans cette nouvelle théorie :

1° L'idée de *fin* employée par Spinoza : il n'a pas encore pris parti comme dans l'*Éthique*, contre l'idée de finalité; et, chose remarquable, l'exemple qu'il invoque ici est précisément emprunté à ce que l'on appelle la finalité extérieure, celle qui paraît la plus contestée, car il nous montre précisément comment les choses peuvent servir les unes aux autres et comment de cette hiérarchie de fins résulte l'ordre universel.

2° Grâce à cette vue nouvelle, les lois morales, qui paraissaient n'être d'abord que des lois partielles et relatives, reprennent une sorte de valeur absolue. Elles sont une des conditions de l'ordre universel.

Or il y a dans l'homme deux lois fondamentales : l'une résultant de son union avec Dieu, l'autre de son union avec les modes de la nature.

De ces deux lois, la première est nécessaire; l'autre ne l'est pas. L'homme ne peut s'affranchir de son union avec Dieu, il ne peut donc pas s'affranchir des lois qui règlent cette union. La seconde n'est pas nécessaire, car l'homme peut se séparer des autres hommes; ce dernier trait est caractéristique, et indique dans la doctrine de Spinoza une tendance ascétique et monastique qu'on ne trouve plus dans l'*Éthique;* au contraire, dans ce dernier ouvrage, il soutient que ce qu'il y a de plus utile à l'homme, c'est l'homme.

La révélation. — Spinoza se demande ensuite si Dieu peut se faire connaître aux hommes.

Si l'on entend par là la révélation extérieure au moyen de paroles ou d'autres signes sensibles, Spinoza la nie entièrement. En effet, pour comprendre celui qui dirait : Je suis Dieu, il faudrait d'abord avoir l'idée de Dieu. Quant à conclure Dieu d'un fait extérieur, on ne le peut : car comment conclure du fini à l'infini? Et qui est-ce qui prouverait qu'il n'y a qu'une seule cause et non plusieurs?

D'un autre côté, Dieu ne peut être conclu de quelque chose de plus clair que lui-même. Il reste donc que Dieu nous soit connu immédiatement (l'argument *à priori* n'étant que la forme extérieure de cette connaissance).

Le diable. — La question de la connaissance de Dieu nous conduit d'une manière assez inattendue à une autre question curieuse, qui n'est pas d'habitude discutée par les philosophes et qui paraît réservée à la théologie : c'est la question du diable. C'est une discussion qui a disparu de l'*Éthique*.

Spinoza se demande si le diable existe ou non et il soutient qu'il n'existe pas, par les raisons suivantes : 1° le diable n'existe pas : car, étant absolument contraire à Dieu et n'ayant rien de commun avec lui (qui est l'être), il ne peut être que le néant ; 2° le diable étant un être si misérable, au lieu de le haïr, comme on nous le recommande, il faudrait prier pour lui ; 3° la durée d'une chose est en raison de sa perfection ; et, dans une chose pensante en particulier, la perfection, et par conséquent la durée, dépend de son union avec Dieu : or le diable est une chose pensante ; mais, comme il n'a pas la moindre perfection, ni aucune union avec Dieu, il ne peut pas durer un seul instant ; 4° nous n'avons pas besoin du diable pour expliquer nos passions, puisque nous en avons donné la cause distincte.

Le bonheur et la liberté. — En disant que le bonheur consiste dans la destruction des passions, nous n'avons pas voulu dire, comme les théologiens vulgaires, qu'il faille d'abord détruire les passions avant de s'élever à la connaissance et à l'amour de Dieu, car c'est comme si l'on disait qu'il faut détruire l'ignorance avant de s'élever à la science. C'est là peut-être, pour le dire en passant, une observation plus spécieuse que solide, car, s'il est vrai que l'on ne puisse détruire l'ignorance que par la science elle-même, il n'en est pas de même de l'erreur, que l'on peut écarter par le doute et la critique avant de s'élever à la science ; or les passions ont plus d'analogie avec l'erreur qu'avec l'ignorance : l'ignorance ressemblerait plutôt à l'apathie, qui ne peut être guérie que par une passion quelconque ; mais la passion étant un trouble, on peut commencer par écarter ce trouble, ne fût-ce que pour être tranquille et éviter la douleur : ce qui rendrait alors le chemin libre à la connaissance de l'âme et de Dieu.

Pour Spinoza, la seule manière de vaincre la passion, c'est la connaissance de Dieu et l'amour divin : privés de ces deux principes, nous sommes hors de notre élément. C'est une absurdité des théologiens de dire que, s'il n'y avait pas de vie future, nous aurions intérêt à ne rechercher que notre bien personnel, comme s'il pouvait y avoir pour nous quelque chose de meilleur que Dieu. N'est-ce pas comme si l'on disait que le poisson, s'il n'y avait pas pour lui de vie future, aurait intérêt à quitter l'eau pour vivre sur la terre. Pour chercher Dieu et l'aimer, nous n'avons besoin d'autre motif que notre utilité, puisque, n'étant rien que par lui, ce n'est qu'en lui que nous pouvons trouver notre repos.

La raison n'est donc pas ce qu'il y a de meilleur en nous ; ce n'est qu'un degré qui, semblable à l'esprit précurseur, nous annonce le souverain bien, et nous excite à le chercher.

Une note curieuse, soit de Spinoza, soit de l'un de ses disciples, rapproche la doctrine précédente de celle de la théologie réformée. Qui ne voit, dit l'auteur de cette note, l'analogie de cette doctrine avec celle de l'Église? Les passions fausses, c'est le *péché;* la foi vraie, c'est la *loi :* la vraie connaissance, c'est la *grâce*, qui nous affranchit définitivement du péché.

Telle est la nature de la véritable liberté : c'est la dernière théorie de l'ouvrage, aussi bien que dans l'*Ethique*. Spinoza la résume dans les conclusions suivantes :

1° Dieu étant l'essence infinie, et par conséquent l'action infinie, les choses ont d'autant plus d'action et d'autant moins de passion qu'elles sont plus unies à Dieu.

2° Aucune cause ne pouvant être à elle-même la cause de sa destruction et ne pouvant périr si elle n'est pas causée par une cause externe, il s'ensuit que la vraie intelligence ne peut pas périr.

3° Les actions du vrai entendement, de la vraie connaissance sont les meilleures de toutes, puisque ce sont des actions internes, et elles sont éternelles, comme l'entendement lui-même.

4° Toutes les choses que nous produisons au dehors sont d'autant plus parfaites qu'elles peuvent s'unir à nous-même en une seule et même nature : ainsi, lorsque je communique mes idées aux autres hommes et que je les fais par là participer au salut, j'arrive à confondre leur volonté avec la mienne, de manière à ne faire qu'une seule et même nature avec eux.

En résumé, voici la définition de la vraie liberté, à savoir : la ferme réalité que notre esprit acquiert par son union immédiate avec Dieu, de manière à produire en soi des idées et en dehors de soi des actions qui s'accordent avec la nature, et qui, n'étant ni les unes ni les autres produites par des causes externes, ne peuvent être ni détruites ni changées.

Les dernières paroles de l'ouvrage achèvent, comme nous l'avons dit, de nous en attester la parfaite authenticité. Elles nous prouvent le secret avec lequel la doctrine de l'auteur était enseignée et propagée, soit par lui-même, soit par ses disciples : « Puisque vous connaissez le siècle où vous vivez, dit Spinoza à ses élèves, je vous prie et je vous conjure de prendre des précautions pour la manifestation de ces idées Je ne veux pas dire qu'il faille les conserver pour vous seuls, mais seulement que si vous entreprenez de les dévoiler à quelqu'un, votre seul but soit le salut de vos proches, étant d'ailleurs assurés de la manière la plus évidente que vous ne perdrez pas le fruit de votre travail. »

On voit par là que l'enseignement de Spinoza était véritablement un enseignement secret et ésotérique, comme on l'a souvent supposé à tort des grands philosophes de l'antiquité. A la vérité, il en avait laissé percer les tendances et les principes dans son ouvrage du *Theologo politicus;* mais il n'y disait pas encore tout son secret; c'est pourquoi, tant qu'il vécut, il ne voulut point publier son *Ethique*, et peut-être est-ce encore là une des raisons qui lui firent adopter la forme géométrique dont le laborieux échafaudage cachait et protégeait à la fois la doctrine suspecte qui y était exposée.

Pour conclure, le *de Deo et Homine* est bien loin

encore de l'*Éthique* pour la grandeur de la composition, la richesse du développement, la sévérité sobre de la forme. S'il ne nous offre pas le fatigant enchevêtrement de la forme géométrique, il retient en revanche encore en partie les habitudes de l'argumentation scolastique : néanmoins, malgré cette infériorité, ou plutôt à cause d'elle, l'ouvrage est intéressant, puisqu'il nous montre le premier degré d'où Spinoza est parti pour s'élever jusqu'à l'*Éthique*. Le fond de la pensée est le même; mais le développement n'est encore qu'ébauché. On y trouve à la fois richesse et diffusion : ce sont les premières lignes d'un grand tableau. Ce travail ne nous apprendra rien de nouveau sur la philosophie de Spinoza; mais il nous instruira utilement sur l'histoire de son génie.

P. J.

Juin 1878.

COURT TRAITÉ

SUR

DIEU

L'HOMME ET LA BÉATITUDE

Écrit d'abord en latin par B. D. S. à l'usage des disciples qui désiraient se livrer à l'étude de la vraie philosophie, c'est-à-dire de l'éthique, traduit maintenant en hollandais à l'usage de ceux qui aiment la vérité et la vertu, afin de fermer la bouche à ceux qui parlent insolemment de ces choses, et présentent aux simples comme choses précieuses leur fange et leurs immondices, et afin qu'ils cessent de déblatérer contre ce qu'ils ne peuvent pas comprendre; qu'ils prennent en considération Dieu, c'est-à-dire eux-mêmes et leur salut réciproque, et qu'ils viennent en aide à ceux qui sont malades en esprit, par le moyen de la charité et de la tolérance, selon l'exemple du Seigneur Christ, notre excellent maître [1].

1. Cette note, en tête du manuscrit, nous apprend que nous n'avons pas l'original même de Spinoza, mais seulement une traduction, en outre que cette traduction vient d'une école de chrétiens spinosistes, comme il y en a eu un assez grand nombre à cette époque, ainsi qu'on peut le voir par le livre de M. Van der Linde, *Spinoza, seine Lehre, und deren erste Nachwirkungen in Holland* (Goettingen, 1862).

A la place du titre précédent, le second manuscrit (B) en contient un autre :

ÉTHIQUE

OU

DOCTRINE DES MŒURS

DIVISÉ EN DEUX PARTIES, OU IL EST TRAITÉ :

I. De l'existence de Dieu et de ses attributs.

II. De l'homme, de l'essence et de l'origine de ses passions, de l'usage de la raison par rapport à elles, et du moyen par lequel il peut s'élever jusqu'au salut et à la plus haute liberté.

Plus un appendice contenant une courte esquisse sur la nature de la substance, aussi bien que sur la nature de l'âme humaine et de son union avec le corps.

COMPOSÉ PAR

BENOIT DE SPINOSA

PREMIÈRE PARTIE

CHAPITRE PREMIER

QUE DIEU EXISTE

L'existence de Dieu peut être démontrée :

I. *A priori.*

1° Tout ce que nous concevons clairement et distinctement appartenir à la nature d'une chose [1], peut être, avec vérité, affirmé de cette chose. Or l'existence [2] appartient à la nature de Dieu. *Donc* —

2° Les essences des choses sont de toute éternité et demeureront immuables pendant toute éternité. Or l'existence de Dieu est son essence. *Donc* —

1. J'entends la nature déterminée d'une chose, par laquelle elle est ce qu'elle est, et qui ne peut en aucune façon être séparée d'elle sans que la chose soit détruite par cela même : par exemple, il appartient à l'essence de la montagne d'avoir une vallée; ou, plus brièvement, c'est là l'essence même de la montagne, essence éternelle et immuable, et qui doit toujours être contenue dans le concept d'une montagne, lors même qu'une telle montagne n'existerait pas, ou n'eût jamais existé. (MS.)

2. Dans le texte hollandais il y a *essence* (Wesendheit), que M. Van Vloten traduit par *essentia ;* mais le sens veut *existence*, et c'est avec raison que M. Sigwart traduit par *die Existenz.* (P. J.)

II. *A posteriori.*

Si l'homme a l'idée de Dieu, Dieu doit exister formellement. Or l'homme a l'idée de Dieu. *Donc*[1] —

Nous démontrons la majeure de cette manière : Si l'idée de Dieu existe, sa cause doit exister *formellement*, et il faut qu'elle contienne en soi tout ce que cette idée contient *objectivement*. Mais l'idée de Dieu existe. *Donc.* —

Quant à la majeure de ce dernier syllogisme, il faut, pour la démontrer, poser les règles suivantes :

1° Les choses connaissables sont en nombre infini.

2° Un entendement fini ne peut comprendre l'infini.

3° Un entendement, fini en lui-même, ne peut rien connaître sans être déterminé par une cause extérieure, parce que, n'ayant pas la puissance de tout

1. De la définition de Dieu que nous donnerons dans le chapitre suivant, à savoir que Dieu a des attributs infinis, nous pouvons tirer la preuve de son existence de la manière suivante :

Tout ce que nous voyons clairement et distinctement appartenir à la nature d'une chose peut être affirmé avec vérité de la chose elle-même.

Or, à la nature d'un être qui a des attributs infinis, appartient aussi un attribut qui est son « être ». Donc, —

Maintenant il serait faux de dire que cela n'est vrai que de l'idée de la chose, mais non pas de la chose elle-même, car l'idée de la propriété qui appartient à cet être n'existe pas matériellement ; de sorte que ce qui est affirmé ne l'est ni de la chose elle-même, ni de ce qui est affirmé de la chose : si bien qu'entre l'idée et son *idéat* (ce qui est représenté par l'idée) il y a une grande différence, et c'est pourquoi ce qu'on affirme de la chose on ne l'affirme pas de l'idée, et réciproquement. (MS.)

Le traducteur allemand déclare ici traduire mot à mot sans bien comprendre la suite des idées : nous ne la comprenons pas davantage. Nous inclinons à croire que ces notes ne sont pas de la main de Spinosa, mais peuvent être des explications orales reproduites plus ou moins fidèlement par quelque disciple. (P. J.)

connaître à la fois, il n'a pas la puissance de commencer à connaître ceci plutôt que cela. N'ayant ni l'une ni l'autre de ces deux puissances, il ne peut rien par lui-même.

Cela posé, la majeure en question [1] se démontre ainsi :

Si l'imagination de l'homme était la seule cause de son idée, il ne pourrait comprendre quoi que ce soit. Or il peut comprendre quelque chose. *Donc,* —

Cette nouvelle majeure [2] se démontre ainsi : puisque par la première règle les choses connaissables sont en nombre infini, que par la seconde un esprit fini ne peut comprendre le tout (l'infini), et enfin que par la troisième il n'a pas la puissance de comprendre ceci plutôt que cela, il serait impossible, s'il n'était déterminé extérieurement, qu'il fût en état de comprendre quelque chose [3].

1. A savoir cette majeure « que la cause doit contenir formellement ce que l'idée contient objectivement. » (P. J.)

2. A savoir « si l'imagination de l'homme..... » Il y a ici une sorte de cascade de majeures qui rend le passage assez difficile à comprendre. La proposition principale est celle-ci : « Si l'homme a l'idée de Dieu, Dieu doit exister formellement. » Cette proposition se démontre par un syllogisme, dont la majeure est : « La cause d'une idée doit exister formellement, et contenir tout ce que l'idée contient objectivement. » Cette majeure à son tour se démontre par un nouveau syllogisme, dont la majeure est : « Si l'imagination de l'homme était la seule cause de son idée (c'est-à-dire), s'il n'y avait pas une cause formelle extérieure, l'homme ne pourrait absolument rien comprendre. » (P. J.)

3. En outre, dire que cette idée est une fiction est insoutenable, car il est impossible d'avoir cette idée, si elle (son objet) n'existe pas, d'après ce qui vient d'être démontré. A quoi nous ajoutons : il est bien vrai que dans une idée qui, une première fois, nous est venue d'une certaine chose, et est ensuite considérée par nous en général *in abstracto*, nous pouvons, dans la suite, penser séparément diverses parties, auxquelles nous ajoutons fictivement d'autres pro-

De tout cela il résulte la démonstration de cette seconde proposition, à savoir que la cause de l'idée que l'homme possède n'est pas sa propre imagination, mais une cause extérieure quelconque, qui le détermine à connaître ceci ou cela : et cette cause, c'est que ces choses existent réellement et sont plus pro-

priétés empruntées à d'autres objets. Mais c'est ce qu'il est impossible de faire, si nous n'avons pas connu d'abord la chose même dont cette idée est abstraite. Donc, supposez que cette idée (l'idée de Dieu) soit une fiction, alors toutes les autres idées que nous avons doivent être des fictions. S'il en est ainsi, d'où vient donc la grande différence qui existe entre ces idées? Car nous voyons qu'il en est quelques-unes qui ne peuvent être réelles : telles sont celles de tous les animaux fantastiques que l'on formerait à l'aide de deux natures réunies : par exemple, celle d'un animal qui serait à la fois un oiseau et un cheval, ou de tout être de ce genre, qui n'ont pas de place dans la nature, laquelle nous voyons composée toute différemment. Il est d'autres idées qui sont possibles, sans que leur existence soit nécessaire, mais dont l'essence néanmoins est nécessaire, quelle que soit d'ailleurs la réalité de leur objet : par exemple, l'idée du triangle, l'idée de l'amour dans l'âme sans le corps; ces idées sont telles que, tout en admettant que c'est moi qui les ai créées, je suis forcé de dire qu'elles sont et seraient toujours les mêmes, lors même que ni moi, ni aucun homme n'y eût jamais pensé. Or, cela même prouve qu'elles n'ont point été créées par moi, et qu'elles doivent avoir, en dehors de moi, un sujet qui n'est pas moi et sans lequel elles ne peuvent être. En outre, il est une troisième idée, et celle-là est unique. Elle porte la nécessité d'existence avec elle, et non pas seulement, comme les précédentes, une existence possible; car, pour celles-ci, leur essence était bien nécessaire, mais non leur existence; au contraire, pour celle dont je parle, l'existence est aussi nécessaire que l'essence, et rien n'est sans elle (*en is zonder dezelve niet*). Je vois donc qu'aucune chose ne tient de moi vérité, essence ou existence. Car, comme nous l'avons montré pour les idées de la seconde classe, elles sont ce qu'elles sont sans moi, soit seulement quant à l'essence, soit quant à l'essence et à l'existence tout ensemble. Il en est de même et à plus forte raison de la troisième idée, qui est seule de son espèce. Et non-seule-

ches de lui que celles dont l'essence objective ne réside que dans son entendement. Si donc l'homme a l'idée de Dieu, il est évident que Dieu doit exister formellement, et non pas éminemment, car, en dehors et au-dessus de lui, il n'y a rien de plus réel et de plus parfait [1].

Que l'homme ait l'idée de Dieu, c'est ce qui résulte clairement de ce qu'il connaît les propriétés [2] de Dieu,

ment elle ne dépend pas de moi, mais encore, au contraire, Dieu seul peut être le sujet (réel) de ce que j'affirme de lui, de telle sorte que, s'il n'était pas, je ne pourrais affirmer de lui absolument rien, tandis que je puis toujours affirmer quelque chose des autres objets, même quand ils n'existent pas réellement; bien plus, il doit être le sujet de toutes choses. En outre, quoiqu'il soit évident, par ce que nous venons de dire jusqu'ici, que l'idée d'attributs infinis dans un être parfait n'est pas une fiction, nous pouvons encore ajouter ce qui suit. En réfléchissant sur la nature, nous n'avons trouvé jusqu'à présent que deux propriétés qui puissent convenir à cet être infiniment parfait. Mais ces deux propriétés sont loin de nous suffire pour nous donner à elles seules l'idée de l'être parfait; au contraire nous trouvons en nous quelque chose qui nous annonce non-seulement plusieurs autres attributs, mais un nombre infini d'attributs infinis, qui doivent appartenir à l'être parfait, afin qu'il puisse être dit parfait. D'où vient donc cette idée de perfection? Elle ne peut être formée à l'aide des deux idées mentionnées, car deux ne donnent que deux, et non un nombre infini. D'où donc? Non pas de moi certainement; je devrais donner ce que je n'ai pas. D'où enfin, si ce n'est des infinies perfections elles-mêmes, qui nous disent qu'elles sont, sans nous dire ce qu'elles sont? car de deux seulement nous savons ce qu'elles sont. (MS.)

1. Admettre que la cause de l'idée de Dieu existe éminemment, ce serait dire que cette cause serait plus parfaite que Dieu, ce qui est impossible. La cause de l'idée de Dieu est donc Dieu lui-même, rien de plus. (P. J.)

2. *Ses propriétés.* — Mieux vaudrait dire : parce qu'il connaît ce qui est *propre* à Dieu. Car ces choses, l'infinité, la perfection, l'immutabilité, ne sont pas des propriétés [des attributs] de Dieu. Il est bien vrai que sans elles il ne serait pas Dieu. Mais ce n'est pas par elles qu'il est Dieu, parce

lesquelles propriétés ne peuvent être inventées par lui, puisqu'il est imparfait. Or, qu'il connaisse ces propriétés, c'est ce qui est évident : en effet, il sait, par exemple, que l'infini ne peut être formé de diverses parties finies; qu'il ne peut pas y avoir deux infinis, mais un seul; qu'il est parfait et immuable; il sait aussi qu'aucune chose par elle-même ne cherche sa propre destruction, et en même temps que l'infini ne peut se changer [1] en quelque chose de meilleur que lui-même, puisqu'il est parfait, ce qu'alors il ne serait pas; et encore qu'il ne peut être subordonné à quelque autre chose, puisqu'il est tout-puissant, etc.

On voit donc que Dieu peut être prouvé *à priori* comme *à posteriori*, et même beaucoup mieux *à priori*, car des choses prouvées *à posteriori* ne le sont que par une cause extérieure à elles, ce qui est en elles une évidente imperfection, puisqu'elles ne peuvent se faire connaître par elles-mêmes, et seulement par des causes extérieures. Dieu cependant, la première cause de toute choses, et même la cause de lui-même, Dieu doit se faire connaître lui-même par

qu'elles ne nous font connaître rien de substantiel; ce ne sont que des adjectifs, qui demandent le substantif pour être éclaircis. (MS.)

1. La cause d'un tel changement devrait être en dehors de lui, ou en lui. Elle ne peut être *en dehors de lui*, car aucune substance, existant par soi (comme est celle-ci), ne dépend de quelque chose d'extérieur et n'est par conséquent soumise à aucun changement; *ni en lui*, car aucune chose, et encore moins celle-ci ne veut sa propre altération; toute altération vient du dehors. En outre, qu'il ne puisse pas y avoir de substance limitée, cela est évident; puisqu'elle devrait alors avoir quelque chose qui viendrait du néant, ce qui est impossible, car d'où aurait-elle ce par quoi elle se distinguerait de Dieu? Sans doute, pas de Dieu, car celui-ci n'a rien d'imparfait, ni de limité. D'où donc, si ce n'est du néant? (MS.)

lui-même. C'est pourquoi le mot de Thomas d'Aquin n'a pas grande valeur : à savoir que Dieu ne peut pas être prouvé *à priori*, parce qu'il n'a pas de cause.

CHAPITRE II

QU'EST-CE QUE DIEU ?

Après avoir démontré que Dieu est, nous avons à nous demander ce que Dieu est. Nous disons que c'est un être dont on peut tout affirmer, c'est-à-dire un nombre infini d'attributs [1], dont chacun dans son espèce est infiniment parfait.

Pour bien faire comprendre notre pensée, nous poserons les quatre propositions suivantes :

1° Il n'y a pas de substance finie, mais toute substance doit être infiniment parfaite en son essence; c'est-à-dire qu'il ne peut y avoir dans l'entendement infini de Dieu, aucune substance plus parfaite que celle qui existe déjà dans la nature.

2° Il n'existe pas deux substances égales.

3° Une substance ne peut en produire une autre.

4° L'intellect divin ne contient aucune substance qui n'existe formellement dans la nature [2].

1. La raison en est que, le rien ne pouvant avoir aucune propriété, le tout doit avoir toutes les propriétés; et comme le rien n'a pas d'attributs, parce qu'il n'est rien, le quelque chose a des propriétés, parce qu'il est quelque chose ; et, en conséquence, plus un être est quelque chose, plus il doit avoir de propriétés. Par conséquent, Dieu, qui est le plus parfait, l'Infini, le Tout, doit donc avoir d'infinies, de parfaites propriétés, et même toutes les propriétés. (MS)

2. Nous pouvons maintenant prouver qu'il ne peut pas y avoir de substance finie : toute substance doit donc appar-

Pour la première proposition, à savoir qu'il n'y a pas de substance finie (et que toute substance est infiniment parfaite en son genre), si quelqu'un voulait soutenir le contraire, nous lui demanderions : Cette substance est-elle limitée par elle-même, a-t-elle voulu elle-même être limitée, et non illimitée? ou bien est-elle limitée par sa cause, laquelle cause ou n'aurait pas voulu, ou n'aurait pas pu lui donner plus qu'elle n'a fait? Le premier n'est pas vrai, car il est impossible qu'une substance ait voulu se limiter

tenir infiniment à l'Être divin. Voici la preuve. En effet, ou bien : 1° elle se serait limitée elle-même ; — ou bien, 2° elle aurait été limitée par une autre substance. — Or, elle ne peut s'être limitée elle-même, car, étant infinie, elle eût dû changer toute son essence. D'un autre côté, elle ne peut être limitée par une autre substance, car celle-ci devrait être finie ou infinie ; le premier terme est impossible (car le raisonnement recommencerait ; c'est donc le second qui est vrai ; cette substance (infinie) serait donc Dieu. Mais celle-ci aurait limité l'autre ou par défaut de puissance, ou par défaut de volonté : le premier est contre la toute-puissance ; le second est contre la bonté. Il n'y a donc pas d'autre substance que la substance infinie. Il suit de là qu'il ne peut y avoir deux substances infinies égales : car cela seul serait une limitation ; et encore, qu'une substance ne peut pas en créer une autre. En effet, la cause qui devrait créer cette substance aurait les mêmes propriétés que celle qu'elle aurait créée, et par conséquent autant, ou plus, ou moins de perfection ; or, elle ne peut en avoir autant, car il y aurait deux substances égales ; ni plus, parce que l'une des deux serait finie ; ni moins, parce que de rien ne peut sortir quelque chose ; en outre, si de la substance infinie pouvait sortir une substance finie, l'infini serait fini, etc., et par conséquent une substance ne peut pas en produire une autre. D'où il suit que toute substance doit exister formellement, c'est-à-dire réellement ; car si elle n'existait pas en acte, elle ne parviendrait jamais à naître (MS.)

Cette note confirme ce que nous avons avancé dans notre introduction, que les notes ne sont pas, ou ne sont pas toujours de la main de Spinoza ; car elle ne fait que reproduire, en termes plus obscurs, la démonstration du texte. (P. J.)

elle-même, et surtout une substance telle que nous avons dite, c'est-à-dire qui existerait par elle-même. Donc elle doit avoir été limitée par sa cause, qui est Dieu. Or, si c'est par sa cause, c'est donc que cette cause ou n'a pas pu, ou n'a pas voulu donner davantage; mais si elle ne l'a pas pu, cela dépose contre sa puissance; si elle n'a pas voulu, le pouvant, cela semble indiquer de la malveillance; ce qui est impossible en Dieu, qui est toute bonté et toute plénitude[1].

La seconde proposition, qu'il n'existe pas deux substances égales, se démontre en disant que toute substance est parfaite en son genre; s'il y avait deux substances égales, il serait nécessaire que l'une déterminât l'autre; celle-ci ne serait donc pas infinie, comme nous l'avons précédemment démontré.

Quant au troisième point, à savoir qu'une substance ne peut en produire une autre, si quelqu'un soutenait le contraire, nous demanderions : la cause qui produirait cette substance aurait-elle les mêmes attributs qu'elle, ou non? Le second est impossible, car

1. Dire que la chose est telle (c'est-à-dire finie), par la nature même, c'est ne rien dire, car une chose ne peut avoir de nature avant d'exister. Mais, direz-vous, on peut bien voir ce qui appartient à la nature d'une chose: Oui, quant à ce qui concerne l'existence, mais non quant à ce qui concerne l'essence. Et ici il y a une différence entre créer et engendrer. Créer, c'est poser une chose à la fois par l'existence et par l'essence; engendrer c'est seulement faire qu'une chose naisse, quant à l'existence; c'est pourquoi aujourd'hui, dans la nature, il n'y a que génération, et non création. Si Dieu crée, il crée la nature de la chose avec la chose même. Il serait donc un Dieu jaloux, si, ayant la puissance, mais non la volonté, il eût créé la chose de telle sorte qu'elle ne fût pas en harmonie avec sa cause créatrice, ni en essence, ni en existence. Au reste pour ce que nous appelons ici créer, on ne peut pas dire proprement qu'un tel acte ait jamais eu lieu, et nous ne nous servons ici de cette distinction que pour montrer ce qu'on en peut dire. (MS.)

rien ne vient de rien. Reste donc le premier. Alors nous demandons de nouveau : dans cet attribut, qui serait la cause de l'attribut produit, la perfection est-elle moindre ou plus grande que dans l'attribut produit? Elle ne peut être moindre par la raison déjà donnée, ni plus grande, car l'autre serait alors limité, ce qui est contraire à ce qui a été démontré. Donc la perfection devrait être égale, et par conséquent les deux substances seraient égales, ce qui est encore contraire à la démontration précédente. En outre, ce qui a été créé n'a pu être créé de rien, mais a dû nécessairement sortir de quelque chose d'existant; or que le créé ait pu sortir de ce quelque chose, sans que celui-ci en fût en rien diminué, c'est ce que notre entendement ne peut comprendre. Enfin, si nous voulons rapporter à une cause la substance qui est le principe des choses qui naissent de son attribut, nous aurons aussi à chercher la cause de cette cause, et de nouveau la cause de cette cause, et cela à l'infini. De telle sorte que s'il faut enfin s'arrêter et se reposer quelque part, autant le faire tout de suite dans cette substance unique.

Passons au quatrième point, à savoir qu'il n'y a point de substance ou d'attribut dans l'intellect infini de Dieu, autre que ce qui existe formellement dans la nature. Je dis qu'on peut le démontrer : 1° par la puissance infinie de Dieu, qui fait qu'il n'y a pas en lui de cause qui le détermine à créer une chose plutôt qu'une autre; 2° par la simplicité de sa volonté; 3° parce qu'il ne peut négliger de faire tout ce qui est bon, comme nous le démontrerons plus tard; 4° parce que ce qui n'est pas encore ne peut jamais être, puisqu'une substance ne peut créer une autre substance. De tout cela il suit que l'on peut affirmer de la nature tout dans tout [1], en d'autres termes que la nature est

1. *Omnia in omnibus; Alles in allen* (Text. holl.).

composée d'attributs infinis, dont chacun est infiniment parfait en son genre : ce qui répond de tout point à la définition de Dieu.

A ce que nous venons de dire, à savoir que rien n'existe dans l'entendement infini de Dieu qui ne soit formellement dans la nature, voici ce que quelques-uns essaient d'opposer :

Si Dieu a tout créé, il ne pourrait plus rien créer; mais que Dieu ne puisse plus rien créer, est contraire à l'idée de sa toute-puissance. Donc, —

Nous accordons d'une part qu'en effet Dieu ne peut plus rien créer; et de l'autre que si Dieu ne pouvait pas créer tout ce qui est succeptible d'être créé, cela contredirait sa toute-puissance. Mais nous n'accordons pas qu'il soit contraire à sa toute-puissance de ne pouvoir créer ce qui est contradictoire; comme si l'on disait qu'il a *tout* créé, et qu'il pourrait encore créer quelque chose. Certainement, c'est une plus grande perfection en Dieu d'avoir créé tout ce qui est dans son intellect infini, que de ne l'avoir pas créé, ou de ne pouvoir le créer jamais. Pourquoi d'ailleurs tant insister? Ne pourrait-on pas argumenter de même pour l'omniscience de Dieu, en disant : Si Dieu sait tout, il ne peut donc plus rien savoir; mais que Dieu ne puisse pas savoir davantage, cela est contraire à la perfection divine. Donc, si Dieu sait tout dans son entendement infini, et si, en raison de sa perfection infinie, il ne peut plus rien savoir au delà, pourquoi ne pourrions-nous pas dire de même que tout ce qu'il a dans l'entendement, il l'a produit et fait, de telle sorte que cela existe ou existera formellement dans la nature?

Puisque donc nous savons que tout est égal dans l'entendement divin, et qu'il n'y a pas de motif pour qu'il ait créé une chose plutôt qu'une autre, ni même pour qu'il ait tout créé à la fois dans un seul moment du temps, voyons si nous ne pourrions pas nous servir à notre tour contre nos adversaires des armes dont ils usent contre nous, en argumentant de la manière suivante :

Si Dieu ne peut jamais créer, sans qu'il lui reste encore plus à créer, il ne peut jamais créer en fait ce qu'il peut créer. Mais qu'il ne puisse pas créer ce qu'il peut créer, est contradictoire. Donc, —

En outre, voici les raisons que nous avons d'affirmer que tous les attributs qui sont dans la nature sont une seule et même substance, et non des substances diverses que nous puissions distinguer entre elles par des caractères clairs et distincts :

1° Nous avons déjà vu qu'il doit exister un être infini et parfait, ce qui doit s'entendre en ce sens qu'il existe un être de qui toutes choses doivent être affirmées en toutes choses (*alles in allem*). En effet, un être qui a une essence doit avoir des attributs, et plus il a d'essence, plus on doit lui imputer d'attributs : donc si l'essence de cet être est infinie, il doit avoir un nombre infini d'attributs, et c'est cela même que l'on appelle un être infini.

2° En outre, l'unité de substance résulte de l'unité de la nature, en effet, s'il y avait plusieurs êtres distincts, l'un ne pourrait pas communiquer avec l'autre [1].

3° Nous avons déjà vu qu'une substance ne peut en produire une autre, et de plus que si une substance n'existe pas, il est impossible qu'elle commence à exister; cependant dans aucune des substances que nous savons exister dans la nature, en tant que nous

1. C'est-à-dire : s'il y avait plusieurs substances qui ne se rapportassent pas à un être unique, l'union serait impossible; car nous voyons clairement que ces substances n'ont entre elles aucune communication, comme cela est évident pour la pensée et l'étendue qui composent notre être. (MS.)

les considérons comme substances séparées, nous ne voyons pas qu'il y ait aucune nécessité d'existence, de telle sorte que l'existence n'appartient nullement à leur essence prise séparément; il suit de là que la nature, qui ne naît d'aucune cause et que nous savons pourtant exister, doit être l'être parfait auquel l'existence appartient par essence [1].

De tout ce que nous avons dit jusqu'ici, il résulte évidemment que l'étendue est un attribut de Dieu, ce qui semble incompatible avec l'essence de l'être parfait. Car l'étendue étant divisible, l'être parfait se composerait de parties, ce qui semble incompatible avec la simplicité de Dieu. En outre, l'étendue, quand elle est divisée, est à l'état passif, ce qui est encore incompatible avec l'essence de Dieu, lequel n'est pas passif et ne peut rien subir d'un autre sujet, étant lui-même la première cause efficiente.

A quoi nous répondons :

1° Que le tout et la partie ne sont pas des êtres

1. En d'autres termes, si aucune substance ne peut être conçue qu'existant, et si cependant l'existence ne peut appartenir à l'essence d'aucune substance, tant qu'elle est conçue comme séparée, il s'ensuit qu'elle ne peut pas être quelque chose de séparé, c'est-à-dire qu'elle ne peut être qu'un attribut d'autre chose, à savoir de l'être universel, du Tout-Être. Ou encore : toute substance existe; or, l'existence d'une substance séparée ne résulte pas de son essence; par conséquent, aucune substance existant ne peut être conçue séparée, mais doit appartenir à une autre substance : en d'autres termes, si nous concevons dans notre entendement la pensée substantielle, et l'étendue substantielle, nous les concevons seulement dans leur essence, et non dans leur existence, c'est-à-dire de telle sorte que l'existence appartienne nécessairement à leur essence; nous démontrons ainsi que l'une et l'autre sont des attributs de Dieu, et nous le démontrons *à priori :* pour l'étendue seulement, nous pouvons le démontrer *à posteriori*, par le moyen de ses modes, qui supposent nécessairement la substance étendue comme sujet. (MS.)

réels, mais des êtres de raison : c'est pourquoi il n'y a dans la nature ni tout ni parties [1].

2° Une chose composée de diverses parties doit être telle que ses parties puissent être conçues chacune séparément : par exemple, dans une horloge composée de roues et de cordes, chaque roue et chaque corde peut être conçue séparément, sans avoir besoin de l'idée du tout que ces parties composent. De même dans l'eau, qui se compose de particules droites et oblongues, ces parties peuvent être conçues et pensées, et peuvent même subsister sans

1. Dans la nature, c'est-à-dire dans l'étendue substantielle; car diviser cette étendue, c'est anéantir son essence et sa nature à la fois, puisqu'elle consiste premièrement en ce qu'elle est une étendue infinie, ou un tout, ce qui est la même chose.

Mais, dira-t-on, n'y a-t-il point de parties dans l'étendue, avant toute modification? — En aucune façon. — Mais, insistera-t-on, s'il y a du mouvement dans la matière, il doit être dans une partie de la matière, et non dans le tout, puisque le tout est infini : car dans quelle direction pourrait-il se mouvoir, puisqu'il n'y a rien en dehors de lui ? Donc le mouvement a lieu dans une partie. Je réponds : Il n'y a pas seulement mouvement ; il y a à la fois mouvement et repos, et dans le tout ; et il est impossible qu'il en soit autrement, puisqu'il n'y a pas de partie dans l'étendue. Affirmez-vous néanmoins que l'étendue a des parties, dites-moi alors si, lorsque vous divisez l'étendue en soi, vous pouvez séparer en réalité de toutes les autres parties celles que vous séparez dans votre entendement ? Supposons que vous le fassiez, je vous demande alors : Qu'y a-t-il entre la partie séparée et le reste? Ou bien le vide, ou un autre corps, ou quelque autre mode de l'étendue, car il n'y a pas de quatrième hypothèse. Le premier ne se peut pas, car il n'y a pas de vide, puisqu'il y aurait quelque chose de positif et qui ne serait pas corps. Le second n'est pas non plus possible, car il y aurait un mode, là où il ne doit pas y en avoir dans l'hypothèse, puisque l'étendue comme étendue existe sans ses modes et avant tous ses modes. Reste donc le troisième cas; mais alors il n'y a pas de partie, mais l'étendue elle-même. (MS.)

le tout. Mais quant à l'étendue, qui est une substance, on ne peut pas dire qu'elle ait des parties, parce qu'elle ne peut devenir plus petite ou plus grande, et qu'aucune de ses parties ne peut être pensée séparément et en elle-même, puisqu'elle est infinie de sa nature : or, s'il en était autrement, et qu'elle résultât de l'ensemble de ses parties, on ne pourrait pas dire qu'elle est infinie de sa nature, comme il a été dit; car dans une nature infinie, il est impossible qu'il y ait des parties, puisque toutes les parties, d'après leur nature, sont finies.

Ajoutez en outre la considération suivante : si l'étendue se composait de parties distinctes, on pourrait supposer que, quelques-unes de ces parties étant anéanties, l'étendue subsisterait néanmoins, et qu'elle ne serait pas annihilée par l'annihilation de quelques parties; ce qui est une contradiction évidente dans une essence qui par nature est infinie et qui ne peut jamais être finie et limitée ni être conçue comme telle. De plus, quant à ce qui concerne les parties dans la nature, nous répétons que les parties (comme du reste nous l'avons dit déjà) n'appartiennent pas à la substance elle-même, mais seulement et toujours aux modes de la substance; par conséquent, si je veux diviser l'eau, je ne divise que le mode de la substance et non la substance même, laquelle reste toujours la même, qu'elle soit modifiée en eau ou en autre chose. La division et par suite la passivité n'appartiennent donc qu'au mode : par exemple, lorsque nous disons que l'homme passe ou est anéanti, nous l'entendons seulement de l'homme, en tant qu'il est telle combinaison déterminée et tel mode déterminé de la substance; mais nous n'entendons pas parler de la substance elle-même de laquelle il dépend.

De plus, nous avons déjà affirmé, comme nous le

répéterons encore, que rien n'est en dehors de Dieu, et qu'il est une cause immanente. Cependant la passivité, dans laquelle le patient et l'agent sont distincts l'un de l'autre, est une imperfection évidente; car le passif doit nécessairement dépendre de ce qui, en dehors de lui, détermine en lui une passion, chose impossible en Dieu, puisqu'il est parfait. On peut dire encore que, s'il s'agit d'un agent qui agisse sur lui-même, il ne peut avoir l'imperfection d'être passif, puisqu'il ne subit pas l'action d'un autre : c'est ainsi, par exemple, que l'entendement, comme disent les philosophes, est cause de ses concepts; mais, puisqu'il est cause immanente, qui pourrait dire qu'il est imparfait, aussi longtemps qu'il est lui-même la cause de sa propre passion? Enfin, la substance étant le fondement premier de tous ses modes, elle peut être bien plus justement appelée agent que patient. Ainsi nous croyons avoir répondu à toutes les difficultés d'une manière satisfaisante.

Cependant, ici encore, on nous objecte qu'il faut une première cause pour mouvoir un corps, puisque par lui-même il ne peut se mouvoir quand il est en repos; et comme il est évident que dans la nature, il y a du repos et du mouvement, il doit y avoir, dit-on, une cause extérieure dont ils émanent. Mais il est facile de répondre; nous accordons en effet que si le corps était une substance existant par soi, et qu'il n'eût d'autre propriété que la longueur, la largeur et la profondeur, nous accordons qu'alors, s'il est en repos, il n'y a en lui aucune cause qui puisse faire qu'il commence à se mouvoir; mais, comme nous avons dit précédemment que la nature est l'être auquel appartiennent tous les attributs, rien ne peut lui manquer pour produire tout ce qui peut être produit.

Après avoir parlé de l'essence de Dieu, nous n'avons qu'un mot à dire de ses attributs, à savoir que ceux qui nous sont connus sont au nombre de deux, à savoir la pensée et l'étendue : car nous ne parlons ici que des propriétés que l'on peut proprement appeler attributs de Dieu, et par lesquelles nous le connaissons en lui-même, et non tel qu'il agit en dehors de lui. Toutes les propriétés que les hommes attribuent encore à Dieu en dehors de ces deux attributs (si toutefois elles lui appartiennent) ne sont, ou bien que des dénominations extrinsèques, comme : qu'il subsiste par lui même, qu'il est unique, éternel, immuable; ou bien ne sont que ses opérations, comme : qu'il est cause, prédestinateur, directeur de toutes choses : ce sont bien là en effet les *propres* de Dieu, mais nous n'apprendrons rien par là de ce qu'il est en lui-même. Comment de telles qualités peuvent-elles avoir lieu en Dieu. C'est ce que nous expliquerons dans le chapitre suivant.

Mais, pour mieux comprendre ce qui précède et introduire à ce qui suit, nous nous servirons de la forme suivante :

Dialogue entre l'Entendement, l'Amour, la Raison et le Désir [1].

L'Amour. — Je vois, mon frère, que mon essence et ma perfection dépendent absolument de ta perfection, et que ta perfection, d'où dépend la mienne, n'est autre que la perfection même de l'objet que tu as conçu : dis-moi donc, je te prie, si tu as conçu un être souverainement parfait, qui ne peut être limité

1. Nous reproduisons ici la note du traducteur allemand, en appliquant seulement à la langue française tout ce qu'il dit de la langue allemande; car les mêmes observations sont applicables de part et d'autres : « Dans le texte hollandais, ces quatre mots sont exprimés dans les termes suivants :

par rien, et dans lequel moi-même je suis compris?

L'Entendement. — Pour moi, il n'y a que la nature elle-même, dans sa totalité, que je conçoive comme infinie et souverainement parfaite : si tu as des doutes à ce sujet, consulte la Raison, qui te répondra.

La Raison. — C'est, pour moi, une vérité indubitable ; car, si nous voulons limiter la nature, il faudrait (ce qui est absurde) la limiter par le Rien et attribuer à ce Rien l'unité, l'éternité, l'infinité. Nous évitons cette absurdité en posant la nature comme une unité éternelle, infinie, toute-puissante, à savoir la nature comme infinie, en qui tout est compris; et c'est la négation de cette nature que nous appelons le Rien.

Le Désir. — A merveille ! cela s'accorde parfaitement avec l'unité et la variété qui se rencontrent dans la nature. En effet, je vois que la substance pensante n'a aucune communication avec la substance étendue, et que l'une limite l'autre. Or, si en dehors de ces deux substances vous en posez encore une troisième qui soit parfaite en soi, vous tombez dans d'inextricables difficultés. Car, si cette troisième substance est en dehors des deux autres, elle est privée de toutes les propriétés qui leur appartiennent, ce qui est impossible dans un Tout, en dehors duquel

Verstand, Liefde, Reeden, Begeerelijkheid. Il est impossible dans la terminologie actuelle, de rendre ces deux mots *Verstand* et *Reeden*, de manière à faire comprendre leur différence clairement et sans malentendu. *Reeden* désigne la pensée discursive, particulièrement la faculté de raisonnement, *Verstand* exprime la pensée pure et immédiate. On pourrait être tenté de traduire le mot hollandais *Verstand* par *Raison* et *Reeden* par *Entendement* (en allemand *Verstand*), si on n'était pas habitué à considérer le raisonnement comme une fonction de la raison. » Nous ajouterons que nous employons de préférence en français cette traduction, parce que dans la langue philosophique française du XVIIe siècle, l'*Entendement* signifie d'ordinaire la pensée intuitive, et la *Raison* la pensée discursive. (P. J.)

aucune chose ne peut être. En outre, si cet être est tout-puissant et parfait, il l'est parce qu'il est cause de soi-même, et non parce qu'il aurait produit un autre être; et cependant celui-là serait en quelque sorte plus tout-puissant encore qui serait capable de produire et lui-même et autre chose[1]. De même, si vous l'appelez omniscient, il est nécessaire qu'il se connaisse lui-même; et en même temps vous devez accorder que la connaissance qu'il a de lui-même est moindre que cette connaissance jointe à celle des autres substances : autant de contradictions manifestes. C'est pourquoi je conseille à l'Amour de s'en tenir à ce que je lui dis, sans aller chercher d'autres raisons.

L'Amour. — Que m'as-tu donc montré, ô infâme[2],

1. Ce passage est difficile à comprendre. Je le traduis comme le traducteur allemand, qui suit littéralement en cet endroit le texte hollandais. Voici le sens que je donne à ce passage : Supposons un être parfait (Dieu) distinct de la substance pensante et de la substance étendue (de l'âme et du corps). Il devrait être tout-puissant considéré en lui-même et par sa propre essence, et sans considérer les êtres qu'il peut produire (lesquels ne font pas partie de son essence). Cependant un être qui se produirait soi-même et autre chose serait plus puissant encore : on pourrait donc concevoir un être plus puissant que le Tout-Puissant, à savoir celui dont l'essence comprendrait non-seulement Dieu, mais le monde. (P. J.)

2. Le rôle des différents personnages dans ce dialogue n'est pas très-clair. Par exemple, ici, il semble que le Désir n'ait fait autre chose que confirmer les arguments de la Raison en faveur de l'unité de substance. Et cependant l'Amour s'emporte contre lui, et réclame le secours de la Raison, qui réfute le Désir. Celui-ci, à son tour, lorsqu'il reprend la parole, combat la Raison. Autant que je puis comprendre cette discussion confuse, dont le texte est peut-être mutilé, le Désir semble soutenir la cause d'un naturalisme inférieur contre l'unité panthéistique. C'est dans ce dialogue et dans le suivant que les critiques allemands ont trouvé des rapports frappants avec Giordano Bruno. — Voir Sigwart (*Dissertation*), p. 113, et (*Traduction*) p. 108, 109. — Avenarius, p. 11-19. (P. J.)

si ce n'est ce qui produira ma perte? car, si je m'unissais jamais à l'objet que tu m'as présenté, aussitôt je me verrais poursuivi par les deux ennemis du genre humain, la Haine et le Repentir, souvent même l'Oubli. C'est pourquoi je me tourne de nouveau vers la Raison, pour qu'elle continue à fermer la bouche à ces ennemis.

La Raison. — Ce que tu dis, ô Désir, à savoir qu'il y a plusieurs substances distinctes, je te dis à mon tour que cela est faux, car je vois clairement qu'il n'en existe qu'une, conservatrice des autres attributs. Que si maintenant tu veux appeler substances le corporel et l'intellectuel par rapport aux modes qui en dépendent, il faut aussi que tu les appelles modes par rapport à la substance dont ils dépendent; car ils sont conçus par toi non comme existant par eux-mêmes, mais de la même manière que tu conçois vouloir, sentir, entendre, aimer comme les modes de ce que tu appelles substance pensante, à laquelle tu les rapportes comme ne faisant qu'un avec elle : d'où je conclus par tes propres arguments [1] que l'étendue infinie, la pensée infinie et les autres attributs (ou, comme tu t'exprimes, substances) infinis ne sont rien que les modes de cet être un, éternel, infini, existant par soi, en qui tout est un, et en dehors duquel aucune unité ne peut être conçue.

Le Désir. — Je vois une grande confusion dans ta manière de parler, car tu parais vouloir que le tout soit quelque chose en dehors de ses parties et sans elles, ce qui est absurde : car tous les philosophes accordent unanimement que le tout est une seconde intention [2] et qu'il n'est rien de réel dans la nature, en

1. Le désir n'a rien dit de semblable dans ce qui précède. Il est donc vraisemblable que le texte est altéré ou mutilé. (P. J.)

2. *Seconde intention*, notion abstraite. (P. J.)

dehors de l'entendement humain. En outre, comme je le vois encore par ton exemple, tu confonds le tout avec la cause; car, comme je le dis, le tout n'existe que par et dans ses parties : or, la substance pensante se présente à ton esprit comme quelque chose dont dépendent l'intelligence, l'amour, etc.; tu ne peux donc pas la nommer un tout, mais une cause dont tous ces effets dépendent.

La Raison. — Je vois bien que tu appelles contre moi tous tes amis; et ce que tu ne peux faire par tes fausses raisons, tu l'essayes par l'ambiguïté des mots, selon la coutume de ceux qui s'opposent à la vérité. Mais tu ne parviendras pas par ce moyen à tirer l'Amour de ton côté. Tu dis donc que la cause, en tant qu'elle est cause de ses effets, doit être en dehors d'eux. Tu parles ainsi parce que tu ne connais que la cause transitive, et non la cause immanente, qui ne produit rien en dehors d'elle-même : par exemple, c'est ainsi que l'intelligence est cause de ses idées. C'est pourquoi, en tant que ses idées dépendent d'elle, je l'appelle cause; en tant qu'elle se compose de ses idées, je l'appelle tout; il en est de même de Dieu, qui par rapport à ses effets, c'est-à-dire aux créatures, n'est autre chose qu'une cause immanente, et qui, au second point de vue, peut être appelé tout.

DIALOGUE SECOND SE RAPPORTANT D'UNE PART A CE QUI PRÉCÈDE, ET DE L'AUTRE A CE QUI SUIT, ENTRE ÉRASME ET THÉOPHILE.

Érasme. — Je t'ai entendu dire, ô Théophile, que Dieu est la cause de toutes choses, et que pour cette raison il ne peut être qu'une cause immanente. Mais, étant cause immanente de toutes choses, comment peut-il être cause éloignée [1] ? car c'est ce qui paraît en contradiction avec une cause immanente.

Théophile. — En disant que Dieu est une cause éloignée, je n'entends pas parler [2] de ces choses que Dieu produit sans aucun autre moyen que sa propre existence : je n'ai pas voulu entendre ce terme dans un sens absolu; ce que tu aurais pu facilement comprendre par mes propres paroles lorsque j'ai dit que l'on ne peut le nommer cause éloignée qu'à un certain point de vue [3].

Érasme. — Je comprends assez ce que tu veux me dire; mais tu as dit en même temps, je m'en souviens, que l'effet d'une cause intérieure (immanente) demeure tellement uni avec sa cause qu'il ne fait qu'un tout avec elle. S'il en est ainsi, il me semble que Dieu ne peut pas être cause immanente; si, en effet, Dieu et ce qui est produit par Dieu ne font qu'un seul tout tu attribues à Dieu plus d'essence à un moment qu'à un autre. Délivre-moi de ce doute, je te prie.

Théophile. — Pour échapper à cet embarras, écoute bien ce que j'ai à te dire. L'essence d'une chose n'est

1. Un des deux manuscrits porte : *eerder* (cause première *prior*); l'autre *vorder* (cause éloignée, *ulterior* ou *remota*, en opposition à la cause prochaine, *proxima*). Nous préférons, avec le traducteur allemand cette dernière leçon, où paraît, en effet, plus clairement une sorte d'opposition apparente avec la cause immanente. (P. J.)

2. La négation n'est ni dans l'un, ni dans l'autre des deux manuscrits; mais nous admettons comme vraisemblable la correction proposée par M. Sigwart, le texte littéral donnant un sens qui paraît contradictoire. « En disant que Dieu est une cause éloignée, je n'entends parler *que* des choses que Dieu produit immédiatement. » Au lieu de *niet als*, ne que, il y aurait simple *niet*, c'est-à-dire la particule négative pure et simple. (P. J.)

3. Ce passage prouve manifestement que ce dialogue n'est qu'une suite, et suppose quelque chose d'antérieur : car Th. n'a rien dit de semblable dans ce qui précède. (P. J.)

pas augmentée par l'union avec une autre chose qui fait un tout avec elle ; mais, au contraire, elle demeure inaltérable dans cette union même. Pour me faire mieux comprendre, prenons l'exemple suivant : Un statuaire tire du bois plusieurs figures à l'imitation de la figure humaine, il prend l'une d'elles qui a la forme d'une poitrine humaine, et il la joint à une autre qui a la forme d'une tête humaine, et de ces deux réunies il fait un tout qui représente la partie supérieure du corps humain. Direz-vous que l'essence de cette tête a été augmentée par l'union avec la poitrine ? Nullement, car elle est la même qu'auparavant. Pour plus de clarté, prenons un autre exemple. J'ai l'idée d'un triangle, et en même temps j'ai une autre idée, celle d'une figure qui provient du prolongement du côté de l'un des trois angles, prolongement donnant naissance à un angle nouveau égal aux deux angles internes opposés. Je dis donc que cette idée (l'idée du triangle) en a produit une nouvelle, à savoir celle de l'égalité des trois angles du triangle à deux angles droits : or, cette nouvelle idée est jointe à la première, de façon qu'elle ne peut ni exister ni être conçue sans celle-ci. De même de toutes les idées que l'on peut avoir, nous faisons un tout, ou, ce qui est la même chose, un être de raison que nous appelons entendement [1]. Ne voyez-vous pas que quoique cette nouvelle idée soit liée à la précédente, cependant il ne se fera aucun changement dans l'essence de celle-ci, et qu'au contraire elle demeure de même sans aucune altération ? C'est ce qu'il est facile de voir dans toute idée qui produit l'amour : car l'amour n'accroît en rien l'essence de l'idée. Mais pourquoi chercher tant

1. Cette pensée ne se lie pas clairement à ce qui précède. Il y a encore là sans doute quelque interversion, ou quelque interpolation. (P. J.)

d'exemples, lorsque toi-même tu le vois clairement dans le sujet dont il s'agit : je te l'ai dit clairement, tous les attributs qui ne dépendent pas d'une cause antérieure, et qui ne se définissent pas à l'aide d'un genre plus élevé, appartiennent à l'essence de Dieu ; et comme les choses créées ne peuvent pas constituer d'attributs, elles n'accroissent pas l'essence de Dieu, quoique liées très-étroitement avec cette essence. Ajoutez que le tout est un être de raison, et qu'il ne diffère de l'universel que par cette circonstance, à savoir : que l'universel se forme des divers individus non unis du même genre, tandis que le tout se forme des divers individus unis, soit du même genre, soit d'un autre genre.

ERASME. — Quant à ce point, je me reconnais satisfait. Mais, en outre, tu as encore dit [1] que le produit d'une cause immanente ne peut pas périr tant que la cause persiste : ce qui me semble être vrai ; mais alors s'il en est ainsi, comment Dieu peut-il être la cause immanente de toutes choses, puisque tant de choses périssent? Tu diras sans doute, selon ta distinction précédente, que Dieu n'est proprement la cause que des effets qu'il produit sans autre moyen que ses seuls attributs, et que ceux-là par conséquent, tant que leur cause persiste, ne peuvent pas périr ; mais que tu ne reconnais pas Dieu pour cause immanente des effets dont l'existence ne dépend pas immédiatement de lui, mais qui proviennent d'autres choses quelconques (sauf cependant que ces choses elles-mêmes n'agissent et ne peuvent agir sans Dieu et en dehors de Dieu) : d'où il suit que, n'étant pas produites immédiatement par Dieu, elles peuvent périr. Cependant cela ne me satisfait pas, car je vois que tu conclus que l'entendement humain est immortel, parce

1. Nouvelle allusion à quelque chose qui nous manque. (P. J.)

qu'il est un effet que Dieu a produit en lui-même. Maintenant, il est impossible que pour la production d'un tel entendement il ait été besoin d'autre chose que des attributs de Dieu, car une essence d'aussi grande perfection doit précisément, comme toutes les autres choses qui dépendent immédiatement de Dieu, avoir été créée de toute éternité; et si je ne me trompe pas, je t'ai entendu dire cela à toi-même, et, s'il en est ainsi, comment peux-tu te dégager de toute difficulté [1]?

Théophile. — Il est vrai, Erasme, que les choses qui n'ont besoin, pour leur propre existence, de rien autre que des attributs de Dieu, ont été créées immédiatement par lui de toute éternité; mais il importe de remarquer que, quoiqu'il puisse être nécessaire qu'une modification particulière (et par conséquent quelque chose d'autre que les attributs de Dieu) soit exigée pour l'existence d'une chose, cependant Dieu ne cesse pas pour cela de pouvoir produire immédiatement une telle chose. Car, entre les conditions diverses qui sont exigées pour faire qu'une chose soit, les unes sont nécessaires pour produire la chose

1. On ne voit pas bien la difficulté, car il semble, au contraire, que la doctrine de Spinoza sur l'immortalité de l'entendement se lie parfaitement à ce qui précède : c'est parce que l'entendement humain a été créé immédiatement par Dieu qu'il est immortel, puisque l'effet immédiat d'une cause immanente ne peut pas périr tant que la cause subsiste. Il y a donc ici sans doute quelque chose qui manque; c'est ce qui résulte encore de la réponse de Théophile, puisqu'il y est fait allusion à l'intervention du corps, nécessaire pour la production de l'idée de Dieu. L'objection devait être que l'entendement n'est pas complètement un effet immédiat de Dieu, puisqu'il a besoin de l'intervention du corps; à quoi Théophile répond que le corps n'intervient que d'une manière accidentelle, et comme cause occasionnelle, ce qui n'empêche pas l'entendement humain de faire partie des choses qui sont produites immédiatement par Dieu. (P. J.)

elle-même, les autres pour qu'elle soit possible [1]. Je veux, par exemple, avoir de la lumière dans une certaine chambre; j'allume cette lumière, et aussitôt cette lumière par elle-même éclaire la chambre; j'ouvre une fenêtre, ce qui par soi-même ne fait pas la lumière; mais cela fait que la lumière puisse pénétrer dans la chambre. C'est ainsi encore que, pour le mouvement d'un corps, un autre corps est nécessaire, lequel doit avoir tout le mouvement qui doit passer dans le premier. Mais, pour produire en nous une idée de Dieu, il n'est pas besoin d'aucune chose singulière qui ait déjà en elle ce qui se produit en nous; il est seulement besoin d'un corps, dont l'idée est nécessaire pour nous montrer Dieu immédiatement : ce que tu aurais pu conclure immédiatement de mes paroles, lorsque j'ai dit que Dieu est connu par lui-même et non par aucune autre chose. Cependant, je te le dis, aussi longtemps que nous n'avons pas de Dieu une idée claire, qui nous unisse à lui de manière à nous rendre impossible d'aimer rien en dehors de lui, nous ne pouvons pas dire que nous soyons en réalité unis à Dieu et que nous dépendions immédiatement de lui. Si tu as encore quelque chose à me demander, ce sera pour un autre temps; quant à présent, je suis appelé pour d'autres affaires. Adieu.

Érasme. — Je n'ai rien de plus à te dire pour le présent : je réfléchirai à ce que tu viens de me dire jusqu'à une autre occasion, et je te recommande à Dieu.

1. C'est la célèbre distinction entre les *causes* et les *conditions*. (P. J.)

CHAPITRE III

DIEU CAUSE UNIVERSELLE.

Commençons à nous occuper de ces attributs de Dieu que nous avons appelés *propres* [1], et d'abord de Dieu, considéré comme cause de toutes choses.

Nous avons déjà dit qu'une substance ne peut en produire une autre, et que Dieu est l'être dont on peut affirmer tous les attributs; d'où il suit que toutes choses ne peuvent ni exister ni être conçues hors de Dieu; c'est pourquoi nous disons que Dieu est cause de tout. Mais, comme on a l'habitude de diviser la cause *efficiente* en huit parties, voyons maintenant de combien de manières Dieu est cause.

1° Il est cause *émanative* ou *opérante*, et, en tant que l'action a lieu, cause *efficiente* ou *active*, ce qui est une seule et même chose, ces deux attributs rentrant l'un dans l'autre.

2° Il est cause *immanente*, non *transitive*, puisqu'il opère tout en soi, et rien en dehors, rien n'étant en dehors de lui.

3° Dieu est une cause *libre*, *non naturelle*, comme

1. Nous les appelons *propres*, parce que ce ne sont que des adjectifs qui ne peuvent être conçus sans leur substantif; c'est-à-dire que Dieu, sans eux, ne pourrait pas être Dieu; mais cependant il n'est pas Dieu par elles : car elles ne signifient rien de substantiel, c'est-à-dire ce par quoi seulement Dieu existe. (M. S.)

Spinoza distingue ici les vrais attributs de Dieu, ou attributs substantiels, qui nous apprennent ce que Dieu est en lui-même, par exemple, la pensée et l'étendue, et les attributs extrinsèques qui ne constituent pas son essence. (P. J.)

nous le montrerons lorsque nous traiterons de la question de savoir si Dieu peut omettre de faire ce qu'il fait; et nous expliquerons à ce sujet en quoi consiste la vraie liberté.

4° Dieu est *cause par soi*, et non pas *contingente*, ce qui deviendra plus claire quand nous traiterons de la prédestination.

5° Dieu est cause *principale* de ses œuvres, de celles qu'il a créées immédiatement, par exemple du mouvement dans la matière : auquel cas les causes secondes ne peuvent avoir aucune action, puisqu'elles ne se manifestent que dans les choses particulières, par exemple, lorsqu'un vent violent vient à dessécher la mer, et ainsi de toutes les choses particulières. Il ne peut pas y avoir eu une cause secondaire détermi-nante parce qu'il n'y a rien en dehors de lui qui puisse le contraindre à l'action. La cause initiale, ici, c'est sa perfection, par laquelle il est cause de lui-même et par conséquent de toutes choses.

6° Dieu est encore la seule cause *première* et *initiale*, comme il résulte de la précédente démonstration.

7° Dieu est aussi cause *générale*, mais en tant seulement qu'il produit une infinité d'œuvres variées; en un autre sens, il ne pourrait être ainsi désigné, car il n'a besoin de rien pour produire des effets.

8° Dieu est cause *prochaine* des choses infinies et immuables, que nous disons immédiatement créées par lui; mais il est aussi cause *dernière*, et cela par rapport à toutes les choses particulières.

CHAPITRE IV

DE L'ACTION NÉCESSAIRE DE DIEU.

Nous nions que Dieu puisse ne pas faire ce qu'il fait : nous le démontrerons quand nous traiterons de la prédestination, et que nous ferons voir que toutes choses dépendent de leurs causes d'une manière nécessaire. Mais c'est ce qui peut encore se prouver par la perfection de Dieu, car il est hors de doute que Dieu peut produire dans la réalité toutes choses aussi parfaites qu'elles le sont dans son idée; et, de même que les choses qui sont conçues par lui ne peuvent être conçues plus parfaitement qu'il ne les conçoit, de même toutes choses doivent être accomplies par lui si parfaitement, qu'elles ne puissent l'être davantage. Or, quand nous concluons que Dieu ne peut pas ne pas faire ce qu'il a fait, nous l'affirmons en raison de sa perfection, car en Dieu pouvoir ne pas faire ce qu'il fait serait une imperfection, et d'ailleurs il ne peut y avoir en lui une cause secondaire déterminante qui le pousserait à l'action, puisqu'alors il ne serait plus Dieu.

Maintenant, la question est de savoir si Dieu peut renoncer à faire ce qui est dans son idée et ce qu'il peut faire d'une manière si parfaite; et, dans ce cas, si ce serait en lui une perfection. Suivant nous, toutes les choses qui arrivent sont produites par Dieu; elles doivent donc être prédestinées par lui d'une manière nécessaire; autrement, il serait susceptible de changement, ce qui en lui serait un grand défaut; et, en outre, cette prédestination doit être en lui de toute éternité, éternité qui n'a ni avant ni après. D'où il suit certainement que les choses n'ont pu être prédestinées par Dieu à l'avance autrement qu'elles ne le sont de toute éternité, et que Dieu ne pouvait être avant cette prédestination, ni sans elle. En outre, si Dieu pouvait omettre quelque chose, cela devrait venir soit d'une cause qui est en lui, soit sans cause; si c'est le premier qui est vrai, alors ce serait encore pour lui une nécessité d'omettre cette action; si c'est le second, ce serait une nécessité de ne pas l'omettre : ce qui est évident par soi-même.

De plus, c'est une perfection dans une chose créée d'être, et d'être produite par Dieu, car, de toutes les imperfections, la plus grande est de ne pas être; et comme le salut et la perfection de toutes choses sont la volonté de Dieu, si Dieu ne voulait pas l'existence de telle chose, il s'ensuivrait que le salut et la perfection de cette chose consisteraient à ne pas être, ce qui est contradictoire; c'est pourquoi nous nions que Dieu puisse omettre de faire ce qu'il fait, ce que quelques-uns prendront pour une imperfection et un blasphème envers Dieu; erreur qui vient seulement de ce qu'ils ne voient pas en quoi consiste la vraie liberté, laquelle ne peut en aucune façon consister, comme ils se l'imaginent, en ce que l'on pourrait agir ou ne pas agir à son gré; mais, au contraire, la vraie liberté n'est rien autre chose que la première cause, qui n'est nullement pressée ou contrainte par aucune cause extérieure, et qui, par sa seule perfection, est cause de toute perfection : par conséquent, si Dieu pouvait omettre telle action, il ne serait pas parfait : car pouvoir omettre de faire dans ses œuvres quelque bien ou perfection est incompatible avec sa nature, puisque cela impliquerait quelque défaut. Donc, que Dieu soit la seule cause libre, c'est ce qui résulte non-seulement de ce que nous avons dit, mais encore de ce qu'il n'y a pas en dehors de lui de cause externe qui puisse le contraindre ou exercer une pression sur lui : ce qui ne peut se rencontrer dans les choses créées.

Contre ce que nous venons de dire, on argumente de cette manière : le bien n'est bien que parce que Dieu l'a voulu, et Dieu pourrait faire que le mal devînt le bien. C'est comme si l'on disait que Dieu est Dieu parce qu'il veut être Dieu, et qu'ainsi il pourrait ne pas être Dieu, ce qui est absurde. En outre, lorsque les hommes font une action et qu'on leur demande pourquoi ils la font, ils répondent : Parce que la justice l'exige. Si on leur demande : Pourquoi la justice ou plutôt la cause première de toutes les choses justes exige-t-elle telles actions? ils répondent : Parce que la justice elle-même le veut. Mais, je le demande, la justice pourrait-elle renoncer à être juste? Nullement, car elle ne serait plus justice; et quoique ceux qui disent que Dieu fait toutes les choses qu'il fait parce qu'elles sont bonnes en elles-mêmes pensent peut-être différer de nous, ils n'en diffèrent guère en réalité, puisqu'ils supposent quelque chose avant Dieu, qui l'oblige et l'enchaîne, et en vertu de quoi il désire que telle chose soit bonne, telle autre juste.

Enfin une nouvelle question s'élève : en supposant que toutes choses aient été créées autrement et disposées et prédestinées éternellement dans un autre ordre qu'elles ne le sont, Dieu serait-il également parfait? A quoi il faut répondre que si la nature avait été créée de toute éternité autre qu'elle n'est, alors, d'après l'opinion de ceux qui attribuent à Dieu un entendement et une volonté, il s'ensuivrait que Dieu aurait eu un autre entendement et une autre volonté, par lesquels il eût fait les choses autres qu'il ne les a faites, et ainsi Dieu serait maintenant autre qu'il n'eût été dans cette hypothèse, et aurait été alors autre qu'il n'est maintenant; par conséquent, si nous admettons que Dieu est maintenant l'être le plus parfait, nous sommes forcés de dire qu'il n'eût pas été tel s'il eût créé toutes choses autrement, conséquences absurdes, qui ne peuvent être attribuées en aucune façon à Dieu, lequel maintenant et dans toute l'éternité, est, a été, et sera immuable.

Ces conséquences résultent encore de l'analyse que nous avons faite de la vraie liberté, qui ne consiste pas à pouvoir agir ou ne pas agir, mais en cela seulement de ne pas dépendre d'autre chose, de telle sorte que tout ce que Dieu fait vient de lui et est fait par lui, comme par la cause la plus libre et la plus sage. Or, Dieu étant la première cause, il doit y avoir quelque chose en lui, par quoi il fait ce qu'il fait et ne peut pas ne pas le faire: et comme ce qui le fait agir ne peut être autre chose que sa propre perfection, nous concluons que si sa perfection ne le faisait agir de telle manière, les choses n'existeraient pas et n'eussent pas commencé à être de la manière dont elles sont. Voilà pour la première propriété de Dieu; passons à la seconde, et voyons ce qu'il y a à en dire.

CHAPITRE V

DE LA PROVIDENCE DE DIEU.

Le second attribut de Dieu, parmi ceux que nous appelons *propres*, est la providence, qui pour nous n'est autre chose que cet effort, par lequel toute la nature et toutes les choses particulières tendent à la conservation de l'être. Car il est évident que nulle chose ne tend par sa nature à sa propre destruction ; mais au contraire toutes choses ont en elles une tendance à se conserver et même à tendre vers le mieux. Conformément à cette définition, nous pouvons distinguer une providence générale et une providence particulière. La providence générale est celle par laquelle chaque chose est produite et conservée comme partie du tout, et la providence particulière est cet effort de chaque chose à se conserver elle-même, non comme partie du tout, mais en tant qu'elle peut être considérée elle-même comme un tout. Ce qui s'éclaircira par l'exemple suivant : l'acte par lequel il est pourvu à l'intérêt de tous les membres du corps humain dans son ensemble, est une sorte de providence générale; l'effort, au contraire, par lequel chaque membre en particulier, considéré comme tout et non plus comme partie du corps, tend à se conserver et à se maintenir en bon état, est la providence particulière.

CHAPITRE VI

DE LA PRÉDESTINATION DIVINE.

La troisième propriété de Dieu est la prédestination divine.

Il a été démontré antérieurement :

1° Que Dieu ne peut omettre de faire ce qu'il fait,

c'est-à-dire que toutes choses ont été créées aussi parfaites qu'elles puissent être;

2° Qu'aucune chose ne peut exister, ni être conçue sans lui.

Maintenant nous avons à nous demander s'il y a en Dieu des choses contingentes, c'est-à-dire qui puissent être ou n'être pas, et en second lieu s'il y a quelque chose dont nous ne puissions demander pour quelle raison elle est.

Voici comment nous démontrons qu'il n'y a pas de choses contingentes :

Tout ce qui n'a pas une cause d'existence est impossible. Or tout ce qui est contingent est ce qui n'a pas en soi de cause d'existence. Donc, —

La majeure précédente est hors de doute : la mineure se démontre ainsi : si un contingent a une cause certaine et déterminée d'existence, il est nécessaire qu'il soit. Mais qu'une chose soit à la fois contingente et nécessaire, c'est ce qui répugne. Donc, —

Quelqu'un dira peut-être que le contingent n'a pas une cause certaine et déterminée, mais seulement contingente. A quoi je réponds : s'il en était ainsi, il faudrait entendre ce principe soit dans le sens divisé (*sensu diviso*), soit dans le sens composé (*sensu composito*) : dans le premier sens, ce serait dire que l'existence de telle cause est contingente, mais non pas en tant qu'elle est cause; dans le second sens, au contraire, elle serait contingente, non pas en soi, mais en tant que cause. Or l'une et l'autre de ces hypothèses sont fausses. Pour la première, en effet, si le contingent n'est tel que parce que l'existence de sa cause est contingente, il s'ensuivra que cette cause elle-même ne sera contingente que parce qu'elle aura à son tour une cause contingente, et cela à l'infini. Et comme on a vu que tout dépend d'une cause unique, cette cause elle-même devrait être contingente, ce qui est manifestement faux. Quant à la seconde hypothèse, si cette cause, en tant que cause, n'était pas déterminée à produire ou à omettre une chose plutôt qu'une autre, il serait impossible qu'elle produisît ou omît cette chose : ce qui répugne.

Quant à la seconde question existe-t-il quelque chose dans la nature dont on ne puisse demander pourquoi il est, cela revient à dire que nous devons chercher par quelle cause quelque chose existe; car, sans cette cause, la chose elle-même n'existerait pas.

Or cette cause doit être cherchée soit dans la chose, soit hors d'elle. Si on nous demande une règle pour faire cette recherche, nous dirons qu'il n'en est besoin d'aucune; car, si l'existence appartient à la nature de la chose, il est certain que nous n'avons pas à en chercher la cause hors d'elle; et s'il n'en est pas ainsi, c'est au contraire en dehors d'elle que la cause doit être cherchée. Or, comme le premier ne se trouve qu'en Dieu, il s'ensuit, comme nous l'avons déjà montré, que Dieu est la première cause de toutes choses. Il suit de là que même telle ou telle volition de l'homme (car l'existence de la volonté n'appartient pas à son essence) veut une cause externe, par laquelle elle est nécessairement causée, ce qui d'ailleurs résulte évidemment de tout ce que nous venons de dire dans ce chapitre, et deviendra plus évident encore quand nous traiterons dans notre seconde partie de la liberté humaine.

D'autres philosophes nous objectent : Comment peut-il se faire que Dieu, cause unique et souverain parfait, ordonnateur et pourvoyeur de toutes choses, ait permis dans la nature le désordre qui y règne? pourquoi n'a-t-il pas créé l'homme incapable de pécher?

Pour ce qui est du désordre de la nature, on ne peut l'affirmer avec certitude, car nous ne connaissons pas assez les causes de toutes choses pour pouvoir en juger. Cette objection vient de cette ignorance qui consiste à poser des idées universelles, auxquelles certains philosophes pensent que les choses particulières doivent se conformer pour être parfaites. Ils placent ces idées dans l'entendement divin : c'est pourquoi beaucoup de sectateurs de Platon ont dit que ces idées universelles, par exemple celle de l'animal raisonnable, ont été créées par Dieu. Et quoique les aristotéliciens disent que de telles idées n'existent pas, et ne sont que des êtres de raison, cependant eux-mêmes semblent souvent les considérer comme des choses réelles, puisqu'ils disent expressément que la Providence n'a pas égard aux individus, mais seulement aux genres; que, par exemple, Dieu n'a jamais appliqué sa providence à Bucéphale, mais au genre cheval en général. Ils disent encore que Dieu n'a pas la science des choses particulières et périssables, mais seulement des choses générales, qui, dans leur opinion, sont immuables : ce qui atteste leur ignorance ; car ce sont précisément les choses particulières qui ont une cause, et non les générales, puisque celles-ci ne sont rien. Donc, Dieu n'est cause et providence que des choses particulières; et ces choses particulières ne pourraient se conformer à une autre nature sans cesser par là même de se conformer à la leur propre; et par conséquent elles ne seraient pas ce qu'elles sont. Par exemple, si Dieu eût créé tous les hommes tels qu'Adam avant le péché, il n'eût créé qu'Adam et non pas Pierre et Paul; tandis qu'au contraire en Dieu la vraie perfection consiste à donner à toutes choses depuis les plus petites jusqu'aux plus grandes, leur essence, ou, pour mieux dire, à posséder en lui toutes choses d'une manière parfaite.

Quant à l'autre point, à savoir pourquoi Dieu n'a pas créé des hommes tels qu'ils ne pussent pécher, je réponds que tout ce qui est dit du péché ne l'est qu'au point de vue de notre raison; comme lorsque nous comparons deux choses entre elles, ou une même chose à deux points de vue différents : par exemple, si quelqu'un fait une horloge apte à sonner et à indiquer les heures, et que l'ouvrage soit bien d'accord avec la fin que s'est proposée l'auteur, on appelle une telle œuvre *bonne;* sinon nous l'appelons mauvaise, quoiqu'elle puisse être bonne même alors, si le but de l'auteur eût été de la rendre détraquée et sonnant hors de propos.

Nous concluons donc que Pierre doit convenir nécessairement avec l'idée de Pierre, et non avec l'idée de l'homme, et que le bien ou le péché ne sont que des modes de la pensée et non pas des choses quelconques, ayant une existence réelle, comme nous le démontrerons peut-être plus amplement encore dans les chapitres suivants, car toutes les choses et les œuvres de la nature sont parfaites.

CHAPITRE VII

DES PROPRIÉTÉS QUI N'APPARTIENNENT PAS A DIEU.

Nous avons maintenant à parler des propriétés [1] qui sont communément attribuées à Dieu, mais qui ne

1. Quant aux attributs qui constituent véritablement Dieu, ils ne sont autre chose que des substances infinies, dont chacune est infiniment parfaite ; c'est ce que nous démon-

lui appartiennent cependant pas, et aussi de celles par lesquelles on essaye de démontrer l'existence de Dieu, mais sans succès; et enfin des règles d'une vraie définition.

Pour cela, nous ne nous préoccuperons pas des images que les hommes se font habituellement de Dieu; mais nous résumerons brièvement ce que les philosophes ont coutume d'en dire. Par exemple ils ont défini Dieu, un être qui subsiste par lui-même ou qui ne sort que de lui-même [1], cause de toutes choses, tout-puissant, omniscient, éternel, infini, souverain bien, d'une infinie miséricorde, etc. Mais, avant d'entreprendre cette recherche, voyons d'abord ce qu'on nous accorde:

1° D'abord ils disent qu'aucune définition vraie et adéquate ne peut être donnée de Dieu; car ils n'admettent aucune définition que celle qui se fait par le genre et la différence; or, comme Dieu n'est pas une espèce dans un certain genre, il ne peut être correctement et régulièrement défini.

2° Ils disent en outre que Dieu ne peut pas être défini, parce que la définition doit exprimer la chose en elle-même et d'une manière affirmative, tandis qu'on ne peut pas parler de Dieu d'une manière affirmative,

trons par des raisons claires et distinctes. Il est vrai que, de ces attributs en nombre infini, nous n'en connaissons jusqu'ici que deux par leur essence propre, à savoir la pensée et l'étendue. En outre, tous ceux qui sont communément attribués à Dieu ne sont pas des attributs, mais seulement certains modes qui peuvent être affirmés de lui, soit par rapport à tous ses attributs, soit par rapport à un seul; par exemple, par rapport à tous, on dira que Dieu est éternel, subsistant par lui-même, infini, cause de tout, immuable; et, par rapport à un seul, par exemple, qu'il est omniscient (ce qui se rapporte à l'attribut de la pensée), qu'il est partout, qu'il remplit tout (ce qui a rapport à l'attribut de l'étendue). (MS)

1. C'est la différence de *von* et de *aus* (*van* et *uyt*), *ab* ou *ex*, c'est-à-dire de la cause efficiente et de la cause matérielle. (P. J.)

mais seulement négative; donc on ne peut en donner une définition exacte.

3° En outre, ils disent encore que Dieu ne peut absolument pas être prouvé *à priori*, parce qu'il n'a pas de cause, mais qu'il ne peut être prouvé que d'une manière probable et par ses effets.

Puisqu'ils nous accordent eux-mêmes par ces diverses opinions quelle faible et pauvre connaissance ils ont de Dieu, nous pouvons maintenant entrer dans l'examen de leur définition.

D'abord, nous ne voyons pas qu'ils nous donnent en réalité des *attributs* ou des *propriétés*, par lesquels la chose (c'est-à-dire Dieu) puisse être connue dans ce qu'elle est, mais seulement des propres (*propria*), qui sans doute appartiennent bien à une chose, mais sans nous éclairer en rien sur ce qu'elle est. Car, lorsqu'on nous dit qu'un être subsiste par lui-même, qu'il est la cause de toutes les choses, qu'il est souverain bien, éternel, immuable, etc.; tout cela sans doute est propre à Dieu, mais ne nous apprend pas quelle est son essence et quelles sont les vraies propriétés de cet être auquel ces *propres* appartiennent [1].

Il est temps aussi de considérer les choses qu'ils attribuent à Dieu et qui ne lui appartiennent pas [2], comme sont par exemple l'omniscience, la miséricorde infinie, toutes choses qui ne sont que des modes particuliers de la chose pensante, et qui ne peuvent en aucune façon exister ni être comprises sans la substance dont ils sont les modes, et qui par conséquent ne doivent pas être attribuées à Dieu, en tant qu'essence subsistant par lui-même.

1. Le hollandais oppose ici le mot *Eigenschappen* (propriétés) au mot *Eigenheiden*, et l'allemand peut reproduire exactement la même nuance (*Eigenschaften*, *Eigenheiten*), qui nous manque en français. (P. J.)

2. J'entends Dieu considéré en lui-même, dans l'ensemble de ses attributs. (MS)

Enfin lorsqu'ils disent que Dieu est le souverain bien, s'ils entendent par là autre chose que ce qu'ils ont déjà dit, à savoir que Dieu est immuable et cause de toutes choses, ils s'égarent dans leur propre concept et ne se comprennent pas eux-mêmes; ce qui vient de leur erreur fondamentale sur le concept du bien et du mal, croyant que c'est l'homme et non pas Dieu qui est la cause de ses péchés et de son propre mal, ce qui ne peut être, comme nous l'avons démontré; autrement, nous serions forcés d'affirmer que l'homme est la cause de lui-même. C'est ce que nous éclaircirons encore plus tard, lorsque nous traiterons de la volonté de l'homme.

Maintenant, il est nécessaire de réfuter les sophismes par lesquels ils essayent de justifier leur propre ignorance.

Ils disent d'abord qu'une bonne définition doit se faire par le genre et la différence. Mais, quoique cela soit accordé par tous les logiciens, je ne sais pas cependant d'où ils tirent cette règle; car, si cela était vrai, on ne pourrait absolument rien savoir; en effet, si nous ne connaissons pleinement une chose qu'à l'aide d'une définition par le genre et la différence, nous ne pourrons jamais connaître parfaitement le genre le plus élevé, puisqu'il n'a aucun genre au-dessus de lui; mais si nous ne pouvons pas connaître le genre suprême, qui est la cause de la connaissance de toutes les autres choses, encore moins pourrons-nous connaître et comprendre ces choses, qui ne sont expliquées que par la première.

Mais, puisque nous sommes libres et nullement liés à leurs opinions, établissons par la vraie logique d'autres règles de la définition, conformément à la distinction que nous faisons dans la nature.

Nous avons vu que les attributs (ou, comme d'autres les appellent, les substances) sont des choses, ou, pour parler plus exactement, sont un seul être qui existe par lui-même et par conséquent ne peut être connu que par lui-même. Pour les autres choses, nous voyons qu'elles ne sont que des modes de ces attributs, sans lesquels elles ne peuvent ni exister ni être comprises. Les définitions doivent donc être de deux sortes d'espèce :

1° Les définitions des attributs qui appartiennent à un être subsistant par lui-même, lesquels n'ont besoin du concept d'aucun genre, ni de quoi que ce soit, car puisqu'ils sont les attributs d'un être subsistant par lui-même, ils sont aussi connus par eux-mêmes.

2° Les définitions des autres choses qui ne subsistent pas par elles-mêmes, mais seulement par les attributs dont elles sont les modes et par lesquels elles peuvent êtres comprises, comme par leurs genres.

En voilà assez sur leur théorie de la définition.

Pour le second point, à savoir que Dieu ne peut être connu par nous d'une manière adéquate, il y a été suffisamment répondu par Descartes dans ses *Réponses aux objections* qui concernent précisément cette question.

Enfin, quant au troisième point, que Dieu ne peut être prouvé *à priori*, nous y avons déjà répondu (ch. Ier) : car, puisque Dieu est cause de lui-même, il suffit de le prouver par lui-même; et une telle preuve est beaucoup plus rigoureuse que la preuve *à posteriori* qui n'a lieu d'ordinaire que par le moyen des causes extérieures.

CHAPITRE VIII

DE LA NATURE NATURANTE.

Avant d'aller plus loin et de passer à un autre sujet, nous diviserons toute la nature en deux parties, la nature naturante et la nature naturée.

Par *nature naturante*, nous entendons un être qui, par lui-même et sans le secours d'aucune autre chose (comme les propriétés ou attributs que nous avons déjà décrits), peut être connu clairement et distinctement, tel qu'est Dieu : c'est en effet Dieu que les Thomistes[1] désignent par cette expression; mais la nature naturante comme ils l'entendaient était un être en dehors de toute substance.

La *nature naturée* se divisera en deux parties, l'une

1. Cette expression se trouve, en effet, dans la Somme de saint Thomas; mais saint Thomas la cite seulement comme ayant été employée par d'autres philosophes : *Deus a quibusdam dicitur natura naturans.* Il l'explique du reste dans un sens péripatéticien : peut-être trouverait-on l'origine de cette formule dans l'averroïsme. Voici la phrase complète de saint Thomas : « ... Natura vero universalis est virtus activa in aliquo universali principio naturæ, puta in aliquo cœlestium corporum vel alicujus superioris substantiæ, secundum quod etiam *Deus a quibusdam dicitur natura naturans;* quæ quidem virtus intendit bonum et conservationem universi, ad quod exigitur alternatio generationis et corruptionis in rebus; et secundum hoc corruptiones et defectus rerum sunt naturales, non quidem secundum inclinationem formæ quæ est principium essendi et perfectionis, sed secundum inclinationem materiæ quæ proportionaliter attribuitur tali formæ, secundum distributionem universalis agentis. » (Summa theol., pars 2, quæst. 85, art. 6.)

générale, l'autre particulière. La première se compose de tous les modes qui dépendent immédiatement de Dieu (nous en traiterons dans le chapitre suivant); la seconde consiste dans les choses particulières qui sont causées par les modes généraux, de telle sorte que la nature naturée, pour être bien comprise, a besoin d'une substance.

CHAPITRE IX

DE LA NATURE NATURÉE.

Quant à ce qui concerne la nature naturée générale, c'est-à-dire les modes ou créatures qui dépendent immédiatement de Dieu ou sont créées par lui, nous n'en connaissons pas plus de deux, à savoir le mouvement dans la nature [1] et l'entendement dans la chose pensante, lesquels modes sont de toute éternité et subsisteront pendant toute éternité. Œuvre vraiment grande et digne de la grandeur de son auteur!

Pour le mouvement, comme il appartient plus spécialement à la science de la nature qu'à celle dont nous traitons, nous n'avons pas besoin de dire qu'il

1. Le manuscrit A contient la note suivante, qui n'est pas très-claire :

« Ce qui est dit ici du mouvement dans la matière n'est pas entendu sérieusement, car l'auteur pense en trouver encore la cause, comme il l'a déjà fait en quelque sorte *à posteriori*. Mais il n'y a pas de mal à laisser subsister ce passage, car l'auteur n'en tire aucune conséquence. »

a été de toute éternité et qu'il subsistera sans altération pendant toute l'éternité, qu'il est infini en son genre et ne peut ni exister ni être conçu par lui-même, mais seulement par le moyen de l'étendue; nous ne parlerons point de ces choses, et nous nous contenterons de dire qu'il est le Fils de Dieu, l'ouvrage de Dieu, immédiatement créé par lui.

Quant à l'entendement dans la chose pensante, il est aussi, comme celui-là, fils, œuvre, création immédiate de Dieu, existant de toute éternité et subsistant sans altération pendant toute l'éternité. Son seul attribut est de comprendre toutes choses en tout temps d'une manière claire et distincte, accompagnée d'une joie infinie, parfaite, immuable, qui ne peut pas agir autrement qu'elle n'agit; et quoique tout cela soit suffisamment clair par soi-même, nous en traiterons avec plus de clarté encore dans notre Traité sur les passions de l'âme; c'est pourquoi nous n'en dirons pas davantage en ce moment.

CHAPITRE X

DU BIEN ET DU MAL.

Pour dire brièvement ce qu'est en soi le bien et le mal, nous ferons remarquer qu'il y a certaines choses qui sont dans notre entendement sans exister de la même manière dans la nature, qui sont par conséquent le produit de notre pensée et ne nous servent qu'à concevoir les choses distinctement : par exemple, les relations, et ce que nous appelons des êtres de raison. On se demande donc si le bien et le mal doivent être comptés parmi les êtres de raison ou parmi les êtres réels. Mais, comme le bien et le mal ne sont autre chose qu'une relation, il est hors de doute qu'ils doivent être considérés comme des êtres de raison ; car rien n'est appelé bon, si ce n'est par rapport à quelque autre chose qui n'est pas aussi bon ou aussi utile ; ainsi, on ne dit d'un homme qu'il est méchant que par rapport à un autre qui est meilleur, ou d'une pomme qu'elle est mauvaise que par rapport à une autre pomme qui est bonne ou qui est meilleure. Or, il serait impossible de s'exprimer ainsi si le bon ou le meilleur n'était pas ce par rapport à quoi cette chose a été nommée mauvaise. De sorte que, lorsque nous désignons quelque chose par le nom de bon, nous n'entendons par là que ce qui est d'accord avec l'idée générale que nous nous faisons de cette sorte de chose ; et cependant, comme nous l'avons déjà dit, chaque chose ne peut être conforme qu'à son idée particulière, dont l'essence doit être une essence parfaite, et non avec l'idée universelle de son espèce, puisque de telles idées ne peuvent en aucune façon exister.

Pour confirmer ce que nous venons de dire, quoique la chose soit assez claire par elle-même, nous ajouterons les arguments suivants :

Tout ce qui est dans la nature peut se ranger sous deux classes : des choses ou des actions.

Or le bien et le mal ne sont ni des choses, ni des actions. Donc le bien et le mal ne sont pas dans la nature.

Si le bien et le mal étaient des choses ou des actions, ils devraient avoir leur définition ; mais le bien et le mal, par exemple la bonté de Pierre et la méchanceté de Judas, n'ont pas de définition en dehors de l'essence de Pierre et de Judas, car celle-là seule existe dans la nature; ils ne peuvent donc être définis en dehors de leur essence.

D'où il suit que le bien et le mal ne sont pas des choses ou des actions existant dans la nature.

SECONDE PARTIE

PRÉFACE

Après avoir parlé dans la première partie de Dieu et des choses générales et infinies, nous aborderons dans cette seconde partie l'étude des choses particulières et finies, non pas de toutes, parce qu'elles sont en nombre infini, mais seulement de celles qui concernent l'homme ; et nous traiterons de la nature de l'homme, en tant qu'il se compose de certains modes compris dans les deux attributs que nous avons reconnus en Dieu. Je dis de quelques modes, parce que je ne pense en aucune façon que l'homme, en tant qu'il se compose de corps et d'âme, soit une substance, car nous avons montré dans la première partie : 1° qu'aucune substance ne peut commencer d'exister; 2° qu'une substance ne peut en produire une autre; 3° enfin qu'il ne peut pas y avoir deux substances égales. Maintenant, comme l'homme n'a pas été de toute éternité, qu'il est fini et égal à la multitude des hommes, il ne peut pas être une substance, de telle sorte que tout ce qu'il a de pensée ne sont que des modes de l'attribut de la pensée que nous avons reconnu en Dieu; et tout ce qu'il a de figure, mouvement et autres choses semblables, sont également des modes de l'autre attribut que nous avons reconnu en Dieu.

Quelques-uns, à la vérité, de ce que la nature humaine ne peut ni subsister ni être comprise sans les propriétés, qui, d'après nous-mêmes, sont substance, essayent d'en conclure que l'homme est une substance; mais cette conséquence n'a d'autre fondement que de fausses suppositions; car, puisque la nature de la matière ou du corps existait avant que la forme du corps humain existât, il est impossible que cette nature fût un mode du corps humain, et il est clair que dans le temps où l'homme n'était pas, elle ne pouvait appartenir à la nature de l'homme. Et, quant à la règle fondamentale qu'ils invoquent, à savoir : que ce sans quoi une chose ne peut ni subsister ni être comprise appartient à la nature de cette chose, nous ne la nions pas, car nous avons déjà prouvé que, sans Dieu, aucune chose ne peut ni subsister ni être comprise; c'est-à-dire que Dieu doit exister et être compris avant que les choses particulières existent et soient comprises. Nous avons aussi montré que ce qui appartient à la nature de la définition, ce ne sont pas les concepts génériques (*genus* et *species*), mais ce sont les choses qui peuvent exister sans d'autres et être conçues sans elles. Cela étant, quelle règle poserons-nous pour savoir ce qui appartient à la nature d'une chose? Celle-ci : nous disons appartenir à la nature d'une chose ce sans quoi cette chose ne peut ni exister ni être comprise, mais de telle façon que la réciproque soit vraie, c'est-à-dire de telle sorte que le prédicat ne puisse lui-même ni exister ni être conçu sans cette chose.

Commençons donc à traiter des modes qui constituent la nature humaine : ce sera l'objet du 1er chapitre de cette seconde partie.

1. Notre âme est ou une substance ou un mode. Elle n'est pas une substance, car nous avons prouvé qu'il n'y a pas de substance finie dans la nature ; donc elle est un mode.

2. Si l'âme est un mode, elle doit être un mode de l'étendue substantielle, ou un mode de la pensée substantielle : or elle n'est pas un mode de l'étendue ; donc elle est un mode de la pensée.

3. La pensée substantielle, ne pouvant être finie, est infinie, parfaite en son genre, et est un attribut de Dieu.

4. Une pensée parfaite doit avoir une connaissance (mode de la pensée) de toutes les choses qui existent, tant substance que modes, sans aucune exception.

5. Nous disons « qui existent », parce que nous n'entendons pas parler d'une connaissance ou idée qui aurait pour objet la nature de tous les êtres dans leur ensemble, tels qu'ils sont compris dans leur essence, abstraction faite de leur existence particulière, mais seulement de la connaissance ou idée des choses particulières, en tant qu'elles viennent à l'existence.

6. Cette connaissance ou idée de toute chose particulière, en tant qu'elle arrive à l'existence réelle, est l'âme de cette chose.

7. Toute chose particulière qui arrive à l'existence réelle, devient telle par le mouvement ou par le repos ; et c'est ainsi (c'est-à-dire par le mouvement et le repos) que se produisent tous les modes dans la substance étendue que nous nommons des corps.

8. La différence entre les corps résulte seulement d'une proportion différente de repos et de mouvement : d'où vient que les uns sont d'une manière, les autres d'une autre, les uns ceci, les autres cela.

9. De telle proportion de repos et de mouvement provient l'existence de notre propre corps : et à ce corps, ainsi qu'à toute autre chose doit correspondre une connaissance ou idée dans la substance pensante ; et c'est cette idée qui est notre âme.

10. Cependant ce corps était dans un autre rapport de repos et de mouvement, quand il était un enfant non encore né, et il sera plus tard dans un autre rapport quand nous serons morts ; et cependant il n'y en avait pas moins alors, et il n'y en aura pas moins dans la suite, une idée ou connaissance de notre corps dans la chose pensante, mais non pas la même, parce que le corps, dans ces deux cas, consiste dans une autre proportion de repos et de mouvement.

11. Donc, pour produire une telle idée (ou mode de penser)

dans la pensée substantielle, à savoir celle qui constitue notre âme, il ne suffit pas d'un corps quelconque (qui alors devrait être connu autrement qu'il ne l'est), mais d'un corps consistant dans une telle proportion de repos et de mouvement : car tel corps, telle idée.

12. Si donc il y a tel corps ayant telle proportion, par exemple de 1 à 3, ce sera notre corps, et l'âme qui lui correspondra sera notre âme : ce corps pourra bien être soumis à un changement continuel, mais sans sortir des bornes de cette proportion de 1 à 3 ; seulement, autant de fois il change, autant de fois l'âme change également.

13. Ce changement produit en nous par l'action des autres corps agissant sur le nôtre ne peut avoir lieu sans que notre âme, qui est également dans un état perpétuel de changement, en devienne consciente, et c'est ce que l'on appelle la sensation.

14. Mais, si les autres corps agissent sur le nôtre avec tant de violence que la proportion de 1 à 3 ne puisse plus subsister, alors c'est la mort, et par suite l'anéantissement de l'âme, en tant qu'elle est la connaissance, l'idée de ce corps ainsi proportionné.

15 Cependant, comme l'âme est un mode dans la substance pensante, et qu'elle peut la connaître et l'aimer aussi bien que la substance étendue, elle peut, par son union avec les substances qui durent toujours, se rendre elle-même éternelle. (MS)

CHAPITRE PREMIER

DE L'OPINION, DE LA FOI ET DE LA CONNAISSANCE.

Pour commencer à parler des modes dont l'homme se compose [1], nous dirons :

1° Ce qu'ils sont;

2° Quels sont leurs effets ;

3° Quelle en est la cause.

Quant au premier point, commençons par ceux qui nous sont tout d'abord connus, à savoir de certains concepts, ou de la conscience de la connaissance de nous-mêmes [2] et des choses qui sont en dehors de nous.

Ces concepts s'acquièrent soit : 1° par la *foi* [3], la-

1. Les modes dont l'homme se compose sont les notions qui se divisent en opinion, foi, connaissance claire et distincte, naissant de chaque chose, en raison de sa nature. (MS)

2 « Reproduction littérale du texte hollandais, qui est le même dans les deux manuscrits A et B. La suite des idées est la suivante : Nous commençons par les modes de la pensée en opposition aux modes de l'étendue, parce que les premiers nous sont connus immédiatement par la conscience, qui accompagne chaque mode de la pensée ; et, parmi les modes de la pensée, les premiers sont ceux qui sont la représentation d'un objet, à la différence des passions. Mais quel pouvait être le texte latin pour pouvoir, d'une part avoir ce sens et de l'autre se prêter à la traduction hollandaise? C'est ce que nous ne savons pas. » (*Note du traducteur allemand*, p. 61.)

3. Ces notions sont dans ce chapitre attribuées à la *foi*, mais partout ailleurs à l'*opinion*, comme cela doit être en

quelle foi naît ou bien du *ouï-dire* ou bien de l'*expérience ;* 2° par la *vraie foi ;* 3° par une connaissance claire et distincte.

Le premier mode de connaissance est communément sujet à l'erreur. Le second et le troisième, quoique distincts entre eux, ne peuvent nous tromper.

Cependant, pour faire comprendre clairement tout cela, donnons un exemple, tiré de la règle de trois.

1° Quelqu'un sait par ouï-dire, et seulement par ouï-dire, que, dans la règle de trois, le second nombre est multiplié par le troisième et divisé par le premier; on trouve par là un quatrième nombre, qui est au troisième comme le second est au premier. Et, quoique celui qui lui a appris cette règle ait pu le tromper, cependant il a conduit son travail conformément à cette méthode, n'ayant pas d'ailleurs de cette règle de trois une autre connaissance qu'un aveugle des couleurs; et tout ce qu'il en dit n'est autre chose que *psittacisme* [1], ou parole de perroquet.

2° Un autre, d'un esprit plus vif, ne se contente pas du ouï-dire, mais il fait la preuve dans quelques cas particuliers, et, voyant que cela est vrai, il y donne son assentiment; cependant c'est avec raison que nous avons dit que ce mode de connaissance est encore sujet à l'erreur, car comment peut-on être certain qu'une expérience particulière fournisse une règle absolue pour tous les cas?

3° Un troisième ne se contente ni du ouï-dire, qui peut être faux, ni de l'expérience particulière, qui ne

réalité. Le traducteur allemand suppose que le texte hollandais est ici une traduction inexacte du texte latin primitif que nous n'avons pas. (P. J.)

1. C'est l'expression de Leibniz : le texte hollandais porte *geklapt als een papegaay*. (P. J.)

peut donner une règle universelle, mais il cherche la vraie raison de la chose, laquelle, une fois trouvée, ne peut tromper ; et cette raison lui apprend que, en vertu de la proportionnalité des nombres, la chose doit être ainsi et non autrement.

4° Enfin, le quatrième, qui possède la connaissance absolument claire, n'a besoin ni du ouï-dire, ni de l'expérience, ni de la logique, parce qu'il aperçoit immédiatement par l'intuition la proportionnalité des nombres [1].

CHAPITRE II

CE QUE C'EST QUE L'OPINION, LA FOI ET LA VRAIE SCIENCE.

Nous traiterons maintenant des effets des différentes espèces de connaissances dont nous avons parlé dans notre précédent chapitre, et, pour intro-

1. Ce chapitre est accompagné dans le manuscrit A des quatre observations suivantes, dont le manuscrit B a supprimé les deux premières et ajouté les deux dernières au texte même, à la fin du chapitre. Ce sont vraisemblablement les notes d'un lecteur, et non de Spinoza lui-même, observation qui doit s'appliquer aussi au plus grand nombre de ces notes marginales (P. J.) :

« 1° Le premier a une opinion ou une croyance seulement par ouï-dire; 2° le second a une opinion ou une croyance par l'expérience, et ce sont les deux formes de l'*opinion*; 3° le troisième est assuré par le moyen de la vraie foi, qui ne peut jamais tromper, et c'est la foi proprement dite; 4° le quatrième n'a ni l'opinion ni la foi, mais il voit la chose elle-même et en elle-même sans aucun intermédiaire. »

duction, nous rappellerons encore une fois ce que c'est que l'opinion, la foi vraie et la vraie science.

Nous appelons *opinion* le premier mode de connaissance, parce qu'il est sujet à l'erreur et qu'il ne se rencontre jamais dans un objet dont nous sommes certains, mais seulement dans ceux que nous connaissons par conjecture et par la parole d'autrui.

Nous appelons le second la *foi vraie*, parce que les choses aperçues seulement par la raison ne sont pas vues en elles-mêmes, et qu'il ne se produit dans notre esprit qu'une persuasion que les choses sont ainsi et ne sont pas autrement.

Enfin nous appelons *claire connaissance* celle que nous obtenons, non par une conviction fondée sur le raisonnement, mais par le sentiment et la jouissance de la chose elle-même.

Après ces préliminaires, venons aux effets de ces notions.

Nous dirons donc que de la première naissent toutes les passions contraires à la droite raison; de la seconde, toutes les passions bonnes; de la troisième, le vrai et pur amour, avec toutes ses ramifications.

De telle sorte que la première cause de toutes les passions est dans la connaissance, car nous jugeons impossible que personne, sans avoir connu ou conçu quelque objet par l'un des modes précédents, puisse être touché d'amour, ou de désir, ou de quelque autre mode de volition.

CHAPITRE III

DE L'ORIGINE DES PASSIONS DANS L'OPINION.

Voyons d'abord comment les passions, comme nous l'avons dit, naissent de l'opinion. Pour le bien faire comprendre, choisissons quelques passions, comme exemples, pour prouver ce que nous disons.

L'*admiration* est une passion qui naît du premier mode de connaissance, car, lorsque de plusieurs exemples on s'est fait une règle générale, et qu'il se présente un cas contraire à cette règle, on est surpris [1]. Par exemple, celui qui est habitué à ne voir que des brebis à queue courte sera étonné en voyant celles du Maroc, qui ont la queue longue. De même

1. Il ne faut pas entendre cela comme si l'admiration dût être toujours précédée d'une conclusion formelle ; il suffit qu'elle existe tacitement, lorsque nous pensons que la chose ne peut être autrement que nous n'avons coutume de le croire par expérience, ou par ouï-dire. Ainsi Aristote, disant que le chien est un animal aboyant, concluait de là que tout ce qui aboie est un chien ; mais, lorsqu'un paysan nomme un chien, il entend tacitement la même chose qu'Aristote par sa définition ; de telle sorte que lorsqu'il entend aboyer, il dit : C'est un chien. Par conséquent, le paysan, quoiqu'il n'ait fait aucun raisonnement, cependant, s'il rencontrait un animal aboyant qui ne fût pas un chien, ne serait pas moins étonné qu'Aristote qui a fait un raisonnement exprès C'est ce qui arrive encore, lorsque nous remarquons un objet auquel nous n'avons pas encore pensé : ce qui serait impossible si nous n'avions préalablement connu quelque chose de semblable en tout ou en partie, mais non assez semblable pour que nous soyons affectés absolument de la même manière. (MS;

en est-il de ce paysan qui, raconte-t-on, s'était figuré qu'il n'y avait pas de campagne au delà de celle qu'il était habitué à voir, et qui, ayant perdu sa vache et s'étant mis à sa poursuite, était stupéfait de voir qu'au delà de son petit champ il y en avait encore tant d'autres, d'une si vaste étendue. On peut en dire encore autant de ces philosophes qui se figurent qu'au delà de ce petit coin, ou globe de terre qu'ils habitent, il n'y a pas d'autres mondes, parce qu'ils n'en ont jamais contemplé d'autres. Aussi l'étonnement (admiration) ne se rencontre-t-il jamais dans ceux qui tirent de vraies conclusions. Voilà quant au premier point.

La seconde passion, à savoir l'*amour*, peut naître :

1° Soit du ouï-dire ;

2° Soit de l'opinion ;

3° Soit des vraies idées.

Par exemple, le premier se fait voir dans les rapports de l'enfant à son père, car il suffit que le père ait dit que quelque chose était bon pour que l'enfant, sans plus ample information, prenne de l'inclination pour cet objet ; il en est de même de ceux qui sacrifient leur vie par amour pour la patrie, et de tous ceux qui prennent de l'amour pour une chose par le seul fait d'en avoir entendu parler.

Quant au second cas, il est certain que l'homme, lorsqu'il voit ou croit voir quelque chose de bon, tend à s'unir à cet objet; et, en raison du bien qu'il y remarque, il le choisit comme le meilleur de tous, et en dehors de lui il ne voit rien de préférable ni de plus séduisant. Mais s'il arrive, comme cela est fréquent, qu'il rencontre un autre bien qui lui paraisse meilleur que le précédent, alors son amour se tourne sur l'heure du premier vers le second : ce que nous ferons voir plus clairement dans notre chapitre sur la liberté de l'homme.

Quant à la troisième espèce d'amour, celui qui naît des idées vraies, comme ce n'est pas ici le lieu d'en traiter[1], nous ajournerons cette question quant à présent.

La *haine*, qui est l'opposé absolu de l'amour, naît de l'erreur, qui à son tour vient de l'opinion ; par exemple, lorsque quelqu'un s'est persuadé que tel objet est bon et qu'un autre entreprend de le lui faire perdre, alors il s'élève dans le premier de la haine contre le second, ce qui n'aurait jamais lieu dans celui qui connaît le vrai bien, comme nous le montrerons plus loin. Car tout ce qui existe ou est pensé n'est que misère par rapport au bien véritable. Celui qui aime de telles misères ne mérite-t-il pas plus la compassion que la haine? En outre, la haine vient encore du ouï-dire, comme nous le voyons chez les Turcs contre les chrétiens et les juifs, et chez les chrétiens contre les Turcs et les juifs. Car combien ces différentes sectes sont-elles réciproquement ignorantes de leurs religions et de leurs mœurs ?

Quant au *désir*, soit qu'il consiste, selon les uns, à chercher à obtenir ce que nous n'avons pas, ou, selon les autres, à conserver ce que nous avons[2], il est certain qu'il ne peut jamais naître ni se rencontrer chez personne que provoqué par la forme du bien. D'où il est évident que le désir (comme l'amour) naît aussi du premier mode de connaissance. Car l'homme qui entend dire d'une chose qu'elle est bonne éprouve pour elle du désir ; par exemple, le malade qui en-

1. Nous ne parlons pas ici de l'amour, né des idées vraies, ou de la connaissance claire, parce qu'il ne doit rien à l'opinion. (*Voy.* plus loin, chap. XXII.) (MS)

2. La première définition est la meilleure, car, aussitôt qu'on jouit d'une chose, le désir cesse ; et la passion de conserver la chose n'est pas un désir, mais plutôt une crainte de perdre la chose aimée. (MS)

tend dire par son médecin que tel remède est bon pour son mal, se porte aussitôt vers ce remède et le désire. Le désir naît aussi de l'expérience, comme cela se voit encore dans la pratique des médecins, qui, ayant éprouvé un certain nombre de fois la bonté d'un certain remède, s'y attachent comme s'il était infaillible.

Il est clair que ce que nous venons de dire de ces passions peut s'appliquer également à toutes les autres ; et, comme nous allons chercher dans les chapitres suivants quelles sont celles de nos passions qui sont raisonnables et celles qui ne le sont pas, nous n'en dirons pas plus de celles qui naissent de l'opinion.

CHAPITRE IV

DES EFFETS DE LA CROYANCE, ET DU BIEN ET DU MAL DE L'HOMME.

Après avoir montré dans le chapitre précédent comment les passions naissent des erreurs de l'opinion, nous avons à considérer maintenant les effets des deux autres modes de connaissance, et d'abord de celui que nous avons nommé la vraie foi [1]. Ce mode

1. La foi est une conviction puissante fondée sur des raisons, en vertu de laquelle je suis persuadé dans mon entendement que la chose est *en vérité et en dehors de mon esprit*, semblablement à ce qu'elle est dans mon esprit. Je dis une *conviction puissante* fondée sur des motifs, pour

de connaissance nous apprend en effet comment les choses doivent être, et non pas comment elles sont en vérité[1] : d'où vient que nous ne sommes jamais complétement unis avec la chose que nous croyons. Je dis donc que cette connaissance nous montre comment la chose doit être, et non quelle elle est. Il y a là une grande différence, car, comme nous l'avons montré dans notre exemple de la règle de trois, si quelqu'un peut trouver par la proportion un quatrième nombre qui soit au troisième comme le second est au premier, il peut dire alors, par le moyen de la multiplication et de la division, que ces quatre nombres sont proportionnels ; et, quoiqu'il en soit réellement ainsi, il en parle néaumoins comme d'une chose qui est en dehors de lui ; tandis que lorsqu'il considère la proportionnalité, comme nous l'avons montrée dans le quatrième cas, il dit que la chose est en effet ainsi, car alors elle est en lui, et non hors de lui. Et voilà pour le premier point.

Quant au second effet de la vraie foi, il consiste à nous conduire à la claire connaissance, par laquelle nous aimons Dieu ; et elle nous fait connaître intellec-

la distinguer de l'opinion, qui est toujours douteuse et sujette à l'erreur, aussi bien que de la science, qui ne consiste pas dans une conviction fondée sur des raisons, mais dans une union immédiate avec la chose elle-même. Je dis en outre que la chose est en vérité et hors de mon esprit. *En vérité*, car dans ce cas les raisons ne peuvent pas me tromper : elles ne se distingueraient pas de l'opinion. Je dis en outre qu'elle est *semblablement* : car la foi ne peut me montrer que ce que la chose doit être, et non ce qu'elle est ; autrement, elle ne se distinguerait pas de la science. Je dis encore : *en dehors ;* car elle nous fait jouir intellectuellement non de ce qui est en nous, mais de ce qui est hors de nous. (MS)

1. Cette distinction veut dire que par la foi vraie ou démonstration, nous apprenons la nécessité d'une chose, mais sans la sentir en elle-même et en vérité, comme nous faisons par la connaissance claire et intuitive. (P. J.)

tuellement les choses qui sont hors de nous, et non en nous.

Le troisième effet est qu'elle nous donne la connaissance du bien et du mal et nous fait connaître les passions que nous devons réprimer. Et, comme nous avons montré déjà précédemment que les passions qui naissent de l'opinion peuvent faire beaucoup de mal, il est bon de voir comment le second mode de connaissance nous sert à discerner ce qu'il y a dans ces sortes de passions de bon ou de mauvais. Pour faire ce travail d'une manière convenable, considérons-les, comme nous l'avons déjà fait, mais de plus près, pour pouvoir reconnaître par là quelles sont celles qui doivent être choisies et celles qui doivent être rejetées. Avant d'arriver là, résumons brièvement ce qu'il y a de bon et de mauvais dans l'homme.

Nous avons déjà dit que toutes choses sont nécessaires, et que dans la nature il n'y a ni bien ni mal; aussi, lorsque nous parlons de l'homme, nous entendons parler de l'idée générale de l'homme, laquelle n'est autre chose qu'un être de raison (*Ens rationis*). L'idée d'un homme parfait, conçue par notre esprit, nous est un motif, quand nous nous observons nous-mêmes, de chercher si nous avons quelque moyen d'atteindre à cette perfection. C'est pourquoi tout ce qui peut nous conduire à ce but, nous l'appelons *bien*; tout ce qui nous en éloigne ou n'y conduit pas, *mal*. Il faut donc, pour traiter du bien et du mal dans l'homme, connaître d'abord l'homme parfait; car, si je traitais du bien et du mal dans un homme particulier, par exemple Adam, je confondrais l'être réel avec l'être de raison, ce que le philosophe doit soigneusement éviter, pour des raisons que nous dirons plus loin. En outre, comme la fin d'Adam ou de toute autre créature particulière ne peut nous être connue que par l'événement, il s'ensuit que tout ce que nous disons de la fin de l'homme doit être fondé sur la conception de l'homme parfait[1] : or, comme il s'agit ici d'un pur être de raison (*ens rationis*), nous pouvons en connaître la fin, comme aussi ce qui est bien ou mal pour lui, puisque ce ne sont là que des modes de la pensée.

Pour arriver graduellement à la question, rappelons-nous que les émotions, les affections, les actions de notre âme naissent de nos pensées, et que nous avons divisé nos pensées en quatre espèces : 1° le ouï-dire ; 2° l'expérience ; 3° la foi ; 4° la connaissance claire.

Nous avons vu, en étudiant les effets de ces quatre degrés de connaissance, que la connaissance claire est la plus parfaite de toutes, puisque l'opinion nous induit souvent en erreur, et que la foi vraie n'est bonne que parce qu'elle est le chemin de la connaissance claire et qu'elle nous excite aux choses qui sont vraiment aimables ; de telle sorte que notre dernière fin, le principal objet de notre science, est la connaissance claire, qui est diverse selon la diversité des objets qui se présentent : meilleur est l'objet avec lequel elle s'unit, meilleure est la connaissance elle-même ; et ainsi, l'homme le plus parfait est celui qui s'unit à Dieu, le plus parfait des êtres, et qui jouit de lui.

Pour chercher ce qu'il y a de bon et de mal dans les passions, nous les étudierons donc séparément, et d'abord l'admiration, qui, née du préjugé et de l'ignorance, est une imperfection dans l'homme livré à cette passion ; je dis une imperfection, parce que l'admiration ne contient en soi aucun mal positif.

1. Nous ne pouvons avoir d'aucune créature particulière une idée qui soit parfaite, car la perfection de cette idée (c'est-à-dire la question de savoir si elle est vraiment parfaite ou non) ne peut se déduire que d'une idée parfaite, générale, ou être de raison. (MS)

CHAPITRE V

DE L'AMOUR.

L'amour consiste à jouir d'une chose et à s'unir à elle : nous le diviserons donc d'après la nature de son objet, objet dont l'homme cherche à jouir en s'unissant avec lui.

Certains objets sont corruptibles en soi ; d'autres sont incorruptibles par leur cause ; un troisième enfin est éternel et incorruptible par lui-même et par sa propre vertu. Les corruptibles sont les choses particulières qui n'existent pas de toute éternité et qui ont eu un commencement. Les incorruptibles par leur cause, sont les modes universels, dont nous avons déjà dit qu'ils sont les causes des modes particuliers. L'incorruptible par soi est Dieu, ou, ce qui est la même chose, la vérité.

L'amour naît donc de la représentation et de la connaissance que nous avons d'un objet ; et plus l'objet se montre grand et imposant, plus l'amour est grand et imposant en nous.

Nous pouvons nous affranchir de l'amour de deux manières : ou bien par la connaissance d'une chose meilleure, ou bien par l'expérience qui nous apprend que l'objet aimé que nous avons pris pour quelque chose de grand et de magnifique nous apporte beaucoup de douleur, de peine et de dommage.

C'est encore un caractère de l'amour, que nous ne voulons jamais nous affranchir de cette passion absolument (comme nous pouvons le faire pour l'admiration et pour les autres passions) : 1° parce que cela est impossible; 2° parce qu'il est nécessaire de ne pas nous en affranchir. 1° *Impossible ;* car cela ne dépend pas seulement de nous, mais encore de l'objet; et, pour que nous puissions ne pas vouloir aimer et ne pas aimer en effet un objet, il faudrait que cet objet ne nous fût pas préalablement connu. 2° Il est *nécessaire* de ne pas nous affranchir tout à fait de l'amour, parce que, à cause de notre faiblesse, nous ne pourrions exister sans la jouissance de quelque bien auquel nous sommes unis et par lequel nous sommes fortifiés.

De ces trois espèces d'objets, lesquels doivent être recherchés, lesquels rejetés?

Pour ce qui est des choses corruptibles, quoiqu'il soit nécessaire, avons-nous dit, à cause de la faiblesse de notre nature, que nous aimions quelque bien et que nous nous unissions à lui pour exister, il est certain néanmoins que par l'amour et le commerce de ces choses, nous ne sommes en aucune façon fortifiés, puisqu'elles sont elles-mêmes fragiles, et qu'un boiteux ne peut pas en supporter un autre. Non-seulement elles ne nous sont pas utiles, mais elles nous nuisent : en effet, on sait que l'amour est une union avec un objet que l'entendement nous présente comme bon et imposant; et nous entendons par union ce qui fait de l'amour et de l'objet aimé une seule et même chose et un seul tout. Celui-là donc est certainement à plaindre qui s'unit avec des choses périssables, car ces choses étant en dehors de sa puissance, et sujettes à beaucoup d'accidents, il est impossible que, lorsqu'elles sont atteintes, lui-même demeure libre. En conséquence, si ceux-là sont misérables qui aiment les choses périssables, même lorsqu'elles ont encore une sorte d'essence, que devons-nous penser de ceux qui aiment les honneurs, le pouvoir, la volupté, qui n'en ont aucune?

C'est assez pour montrer que la raison nous apprend à nous séparer de ces biens périssables, car, par ce que nous venons de dire, on voit le vice et le poison cachés dans l'amour de ces choses, ce que nous verrons avec encore plus de clarté, en remarquant combien grand et magnifique est le bien que leur jouissance nous fait perdre.

Nous avons dit déjà précédemment que les choses corruptibles sont en dehors de notre puissance; cependant, qu'on nous comprenne bien : nous n'avons pas voulu faire entendre par là en aucune manière que nous sommes une cause libre qui ne dépend de rien autre chose que d'elle-même ; mais, lorsque nous disons que certaines choses sont ou ne sont pas en notre puissance, voici ce que nous entendons par là : celles qui sont en notre puissance sont celles que nous effectuons conformément à l'ordre de la nature dont nous faisons partie, et conjointement avec elle : celles qui ne sont pas en notre puissance sont celles qui, étant en dehors de nous, ne sont sujettes à aucun changement par notre fait, parce qu'elles sont absolument séparées de notre essence réelle, telle qu'elle a été déterminée par la nature.

Passons à la seconde classe d'objets, ceux qui, quoique éternels et incorruptibles, ne le sont pas cependant par leur propre vertu. Le plus simple examen nous apprend que ces objets ne sont autres que les modes qui dépendent immédiatement de Dieu : leur nature étant telle, ils ne peuvent être compris par nous sans que nous ayons en même temps un concept de Dieu, dans lequel aussitôt, puisqu'il est parfait, notre amour doit nécessairement se reposer ; en un mot, il est impossible, si nous usons bien de notre entendement, que nous négligions d'aimer Dieu, ce dont les raisons sont assez claires. En effet :

1° Nous savons par expérience que Dieu seul a une

essence et que les autres choses n'en ont pas, mais ne sont que des modes; or les modes ne peuvent être bien compris sans l'essence dont ils dépendent immédiatement, et nous avons montré plus haut que si, pendant que nous aimons quelque chose, nous venons à rencontrer une autre chose meilleure, nous nous tournons vers celle-ci et abandonnons la première; d'où il suit de toute évidence que lorsque nous apprenons à connaître Dieu, qui a en lui seul toute perfection, nous devons l'aimer nécessairement.

2° Si nous usons bien de notre entendement dans la connaissance des choses, nous devons les connaître dans leurs causes; et, comme Dieu est la première cause de toutes choses, la connaissance de Dieu doit précéder logiquement la connaissance de toutes les autres choses, parce que la connaissance des autres choses doit résulter de la connaissance de la première cause. Maintenant, comme l'amour vrai naît toujours de l'opinion que nous avons de la bonté et de l'excellence de l'objet, sur quel autre objet l'amour peut-il se porter avec plus de force que sur le Seigneur notre Dieu[1], puisqu'il est seul un bien excellent et parfait?

Nous voyons donc comment nous devons fortifier notre amour, et comment il doit se reposer en Dieu.

Ce qu'il nous reste à dire sur l'amour viendra mieux à sa place quand nous traiterons de la dernière espèce de connaissance.

Passons à la recherche que nous avons promise, à savoir quelles passions doivent être recherchées, quelles rejetées.

1. Cette expression peut paraître étrange de la part de Spinoza. Elle est cependant textuelle : *De Heere onze God*. N'oublions pas, comme nous l'avons fait déjà remarquer, que le traducteur hollandais était chrétien. (P. J.)

CHAPITRE VI

DE LA HAINE.

La haine est une propension à repousser ce qui nous a causé une peine ou un dommage.

Remarquons que nous pouvons exercer notre activité de deux manières, avec ou sans passion : avec passion, comme on le voit communément chez les maîtres à l'égard de leurs serviteurs qui ont fait quelques fautes, ce qui d'ordinaire provoque leur colère; sans passion, comme on le raconte de Socrate, qui, lorsqu'il était forcé de châtier son esclave pour le corriger, attendait qu'il ne fût plus irrité dans son âme contre cet esclave.

Puisque nous voyons que nos actions peuvent être faites par nous avec ou sans passion, il s'ensuit qu'il doit être possible pour nous d'écarter, sans émotion de notre part, quand il est nécessaire, les choses qui nous font ou qui nous ont fait obstacle. Et, dès lors, quel est le mieux de s'éloigner des choses avec haine et aversion, ou d'apprendre à les supporter par la force de la raison et sans trouble de l'âme, ce que nous tenons pour possible? D'abord, il est certain qu'il ne peut pour nous résulter aucun mal de ce que nous traiterons les choses que nous avons à faire sans colère et sans émotion. Or, comme il n'y a pas de milieu entre le bien et le mal, nous voyons que, s'il est mauvais d'agir avec passion, il sera bon d'agir sans elle.

Voyons maintenant s'il y a quelque chose de mal à rejeter les choses avec haine et aversion.

Pour la haine qui naît de l'opinion, il est sûr qu'elle

ne doit avoir aucune place en nous, car nous savons qu'une seule et même chose peut nous paraître bonne dans un temps et mauvaise dans un autre, comme on le voit pour les médicaments.

Reste à savoir si la haine vient toujours de l'opinion, et si elle ne peut pas naître aussi en nous de la connaissance vraie. Pour résoudre cette question, il est bon d'expliquer clairement ce que c'est que la haine, et de la distinguer de l'aversion.

La haine est l'émotion de l'âme qui s'élève contre quelqu'un qui nous a fait du mal avec connaissance et intention.

L'aversion est l'émotion qui s'élève dans l'âme contre une chose à cause du tort et du dommage que nous croyons, ou que nous savons venir de la nature de cette chose. Je dis : *de sa nature*, parce que, lorsqu'il n'en est pas ainsi, si nous recevons d'une chose quelque tort ou dommage, nous n'avons pas d'aversion pour elle; bien plus, nous pouvons nous en servir pour notre utilité : par exemple, celui qui est blessé par une pierre ou un couteau n'a pas pour eux de l'aversion [1].

Cela posé, voyons les effets de l'une et de l'autre.

De la haine procède la tristesse, et d'une grande haine la colère, laquelle non-seulement, comme la haine, cherche à éviter ce qu'elle hait, mais encore à le détruire, s'il est possible; et enfin de cette grande haine procède l'envie.

De l'aversion naît une certaine tristesse, parce que nous nous efforçons de nous priver d'une chose qui, étant réelle, a quelque essence et par conséquent quelque perfection.

1. Spinoza distingue ici les choses qui sont mauvaises par leur nature même (comme la mort) et celles qui ne le sont que par accident. (P. J.)

Par là, il est facile de comprendre que si nous usons bien de notre raison, nous ne pouvons avoir de haine ni d'aversion contre aucune chose, parce qu'en agissant ainsi nous nous priverions nous-mêmes de la perfection qui est dans cette chose. La raison nous enseigne aussi que nous ne pouvons avoir de haine contre personne : en effet, pour tout ce qui est dans la nature, si nous voulons en tirer quelque chose, nous devons nous efforcer de le changer en mieux, soit pour notre âme, soit pour la chose elle-même. Et comme, de tous ces objets que nous connaissons, l'homme parfait nous est le meilleur, c'est aussi le mieux pour nous et pour tous les autres hommes que nous essayions de les élever à cette perfection, car alors nous retirerons d'eux le plus grand fruit, comme eux de nous-mêmes. Le moyen pour cela est de les traiter toujours comme nous sommes avertis de le faire par notre bonne conscience, parce que jamais elle ne nous conduit à notre perte, mais au contraire à notre béatitude et à notre salut.

Terminons en disant que la haine et l'aversion ont en elles autant d'imperfection que l'amour a de perfection, car celui-ci tend toujours à changer les choses en mieux; il tend vers l'accroissement et la force, qui est une perfection; tandis que la haine tend à la destruction, à l'affaiblissement, à l'annihilation : ce qui est l'imperfection même.

CHAPITRE VII

DU DÉSIR ET DE LA JOIE.

Après avoir vu comment la haine et l'admiration se comportent, et avoir montré avec certitude que jamais ces passions ne peuvent trouver place dans ceux qui usent bien de leur entendement, nous poursuivrons de la même manière, et nous traiterons des autres passions. Pour commencer, les premières que nous avons à étudier sont le désir et la joie; or, comme elles naissent des mêmes causes que celles d'où provient l'amour, nous n'avons rien autre chose à dire qu'à nous souvenir de ce que nous avons dit déjà de cette passion; bornons-nous donc là sur ce sujet.

Ajoutons-y la tristesse, de laquelle nous pouvons dire qu'elle ne naît que de l'opinion et de l'imagination qui vient à la suite de l'opinion, car elle procède de la perte de quelque bien.

Nous avons déjà dit que tout ce que nous faisons doit servir à notre amélioration et à notre progrès. Or, il est certain que lorsque nous sommes tristes, nous sommes incapables de rien faire de tel : c'est pourquoi nous devons nous délivrer de la tristesse, ce que nous pouvons faire en cherchant le moyen de récupérer le bien perdu, si cela est en notre pouvoir; sinon, il est nécessaire de renoncer à la tristesse, dans la crainte de tomber dans toutes les misères que la tristesse entraîne après elle, et c'est ce qu'il faut faire avec joie, car il serait insensé de vouloir recouvrer ou accroître un bien par le moyen d'un mal volontaire et persistant.

Enfin, quiconque use bien de son entendement doit tout d'abord nécessairement connaître Dieu, puisque, comme nous l'avons prouvé, Dieu est le bien suprême et qu'il est même tout bien. D'où il suit incontestablement que quiconque use bien de son entendement ne peut pas tomber dans la tristesse. Comment cela ? C'est qu'il se repose dans le bien qui est tout bien, toute joie et toute suavité.

CHAPITRE VIII

DE L'ESTIME ET DU MÉPRIS.

Nous traiterons maintenant de l'estime et du mépris, de la générosité et de l'humilité (vraie), de l'orgueil et de l'humilité basse, ou abjection.

Pour démêler ce qu'il y a de bon ou de mauvais dans ces passions, nous les prendrons l'une après l'autre comme elles se présentent devant nous.

L'*estime* et le *mépris* se rapportent à quelque objet, qui nous paraît ou grand ou petit, soit en dedans soit en dehors de nous.

La *générosité* ne s'étend pas au-delà de nous-mêmes, et appartient seulement à celui qui, n'ayant aucune autre passion et sans exagérer l'estime de soi, juge sa propre perfection d'après sa vraie valeur.

L'*humilité* a lieu lorsque quelqu'un, sans aller jusqu'au mépris de soi-même, connaît sa propre imperfection ; cette passion ne s'étend pas non plus au-delà de nous-mêmes.

L'orgueil est la passion par laquelle l'homme s'attribue une perfection qu'il n'a pas. *L'abjection* est celle par laquelle il s'attribue une imperfection qu'il n'a pas. Je ne parle pas ici des hypocrites, qui ne pensent réellement pas ce qu'ils disent et qui ne s'humilient que pour tromper les autres, mais seulement de ceux qui croient trouver en eux les imperfections qu'ils s'attribuent.

Cela posé, il est facile de voir ce qu'il y a de bon ou de mauvais dans chacune de ces passions.

Quant à la générosité et à l'humilité, elles manifestent elles-mêmes leur excellence : car celui qui est animé de ces passions connaît sa perfection et son imperfection, selon leur vraie valeur, ce qui, comme la raison nous l'enseigne, est le seul moyen de nous conduire à la perfection véritable. En effet, dès que nous connaissons bien notre puissance et notre perfection, nous voyons clairement ce que nous avons à faire pour atteindre à notre vraie fin; et de même, connaissant notre impuissance et nos défauts, nous voyons ce que nous devons éviter.

Pour l'orgueil et l'abjection, leurs définitions nous font voir assez qu'elles naissent évidemment de l'opinion, car l'une consiste à s'attribuer une perfection qu'on n'a pas, et l'autre au contraire.

Il résulte donc de là que la générosité et l'humilité sont des passions bonnes, et l'orgueil et l'abjection des passions mauvaises. Par les premières, l'homme n'est pas seulement déjà en bon état; mais encore ce sont des degrés qui nous conduisent à notre salut; celles-là, au contraire, non-seulement nous détournent de notre perfection, mais elles nous conduisent à notre ruine. L'abjection nous empêche de faire ce que nous devons faire pour devenir parfaits, comme nous le voyons dans les sceptiques, qui, niant que l'homme puisse atteindre aucune vérité, renoncent eux-mêmes, par cette négation, à toute vérité; tandis que l'orgueil, au contraire, nous pousse à rechercher des choses qui nous conduisent tout droit à notre ruine, comme on le voit dans ceux qui ont pensé ou qui pensent être en commerce surnaturel avec la Divinité, et qui ne craignant aucun péril, prêts à tout, bravant le feu et l'eau, périssent ainsi misérablement.

Quant à l'estime et au mépris, nous n'avons rien de plus à en dire, sinon qu'on veuille bien se souvenir de ce que nous avons dit précédemment de l'amour.

CHAPITRE IX

DE L'ESPÉRANCE ET DE LA CRAINTE. — DE LA SÉCURITÉ ET DU DÉSESPOIR. — DE L'INTRÉPIDITÉ, DE L'AUDACE ET DE L'ÉMULATION. — DE LA CONSTERNATION ET DE LA PUSILLANIMITÉ, ET ENFIN DE L'ENVIE.

Pour distinguer, parmi ces différentes passions, celles qui sont utiles et celles qui peuvent être funestes, il faut porter notre attention sur les idées que nous nous faisons des choses futures et chercher si elles sont elles-mêmes bonnes ou mauvaises.

Les idées que nous avons des choses se rapportent :

1° Soit aux choses elles-mêmes.

2° Soit à celui qui possède ces idées.

Les idées qui ont rapport aux choses elles-mêmes sont les suivantes :

1° Ou bien les choses nous paraissent comme possibles, c'est-à-dire comme pouvant être ou n'être pas;

2° Ou bien comme nécessaires. Voilà pour les choses.

Les idées qui ont rapport à celui qui possède les idées sont : 1° ou bien qu'il faut faire telle chose pour que l'événement arrive; 2° ou bien qu'il faut faire telle autre pour qu'il n'arrive pas.

C'est de ces diverses idées que naissent toutes les passions que nous avons nommées.

Lorsque nous considérons une chose future comme bonne et possible, l'âme acquiert cet état d'esprit que nous appelons *espérance*, qui n'est autre chose qu'une espèce de joie à laquelle est mêlée un peu de tristesse.

Lorsque nous considérons au contraire comme possible une chose mauvaise, il naît dans notre âme cet état d'esprit que nous appelons la *crainte*.

Si la chose future apparaît comme bonne et comme nécessaire nous éprouvons une sorte de tranquillité d'âme, qui s'appelle sécurité, espèce de joie à laquelle ne se mêle aucune tristesse, ce qui est le contraire de l'espérance.

Si la chose nous paraît à la fois nécessaire et mauvaise, l'état d'esprit qui en résulte est le *désespoir*, qui n'est autre chose qu'une certaine espèce de tristesse.

Après avoir parlé de ces passions et donné leur définition sous forme affirmative, nous pouvons maintenant réciproquement les définir d'une manière négative; ainsi, on dira que l'espérance consiste à croire que tel mal n'arrivera pas; la crainte, que tel bien n'arrivera pas; la sécurité consistera dans la certitude que tel mal n'arrivera pas, et le désespoir enfin dans la certitude que tel bien n'arrivera pas.

En voilà assez sur les passions, en tant qu'elles naissent des idées qui ont rapport aux choses elles-mêmes; parlons de celles qui naissent des idées dans leur rapport à celui qui les possède. Par exemple, lorsqu'il est urgent que nous fassions quelque action et que nous ne pouvons nous y décider, l'état d'esprit qui en résulte s'appelle *fluctuation*.

Lorsque l'âme se résout virilement à faire une chose qu'elle considère comme possible, c'est ce que nous appelons *intrépidité*.

Si l'âme a résolu d'accomplir une action difficile, c'est l'*audace*.

Si elle veut accomplir une chose par la raison qu'un autre homme en a fait autant, c'est l'*émulation*.

Lorsque l'on sait ce qu'il faut entreprendre, soit pour obtenir un bien, soit pour éloigner un mal, et qu'on ne s'y décide pas, c'est la *pusillanimité*, qui, poussée à un degré extrême, devient *consternation*.

L'effort que l'on fait de jouir à soi seul d'un bien acquis et de se le conserver s'appelle *envie*.

Maintenant que nous savons comment ces passions naissent, il nous est facile de dire quelles sont celles qui sont bonnes et celles qui sont mauvaises.

Quant à l'espérance, la crainte, la sécurité, le désespoir et l'envie, il est évident que toutes ces passions naissent d'une fausse opinion, puisque nous avons démontré que toutes choses ont leurs causes nécessaires et par conséquent qu'elles arrivent comme elles doivent arriver. Il semble que dans cet ordre inviolable, dans cette série de causes et d'effets, il puisse y avoir place pour la sécurité et le désespoir; il n'en est rien cependant, parce que la sécurité et le désespoir ne seraient pas possibles, s'ils n'avaient été précédés de l'espérance et de la crainte, car c'est lorsque quelqu'un attend une chose qu'il croit bonne, qu'il éprouve ce qu'on appelle l'espoir; et c'est lorsqu'il est assuré de posséder ce bien présumé, qu'il éprouve ce que nous appelons sécurité; et, ce que nous affirmons de la sécurité nous l'affirmons aussi du désespoir. De ce que nous avons dit de l'amour on doit conclure qu'aucune de ces passions ne peut se trouver dans l'homme parfait. En effet, elles supposent des choses auxquelles, d'après leur nature instable, nous ne devons ni nous attacher (en vertu de notre définition de l'amour), ni nous soustraire (en vertu de notre définition de la haine) : or cet attachement ou aversion se rencontrent nécessairement dans l'homme qui est livré à ces passions.

Pour la fluctuation, la pusillanimité, la consternation, elles révèlent assez, par leur nature propre, leur imperfection : car, si elles peuvent nous être accidentellement utiles, ce n'est pas par elles-mêmes et c'est seulement d'une manière négative; par exemple, si quelqu'un espère quelque chose qu'il tient pour bon et qui cependant ne l'est pas, et que par pusillanimité et incertitude il manque du courage nécessaire pour acquérir cette chose, ce n'est que négativement et par accident qu'il est délivré du mal qu'il croyait un bien. C'est pourquoi ces passions ne peuvent avoir aucune place dans un homme qui se conduit par la loi de la pure raison.

Enfin, pour ce qui est de l'intrépidité, de l'audace et de l'émulation, nous n'avons rien de plus à en dire que ce que nous avons dit déjà de l'amour et de la haine.

CHAPITRE X

DU REMORDS ET DU REPENTIR.

Nous parlerons brièvement de ces deux passions, qui naissent l'une et l'autre de la précipitation, car le remords vient de ce que nous faisons quelque action dont nous doutons si elle est bonne ou mauvaise ; et, quant au repentir, il naît de ce que nous avons fait quelque chose de mal.

Quoiqu'il puisse arriver que le remords et le repentir contribuent à ramener au bien des hommes doués de raison, mais qui se sont égarés parce que l'habitude de vivre conformément à la raison leur fait défaut, et quoiqu'on puisse conclure de là (comme on le fait généralement) que ces passions sont bonnes, cependant si nous considérons bien la chose, nous verrons que ces sentiments non-seulement ne sont pas bons, mais encore qu'ils sont nuisibles et par conséquent mauvais. Il est évident en effet qu'en général c'est bien plus par la raison et par l'amour de la vérité que par le remords et le repentir que nous revenons au bien. Ils sont nuisibles et mauvais, parce qu'ils sont des espèces de la tristesse, dont l'imperfection a été démontrée plus haut ; et nous devons autant que possible l'éviter et nous en affranchir.

CHAPITRE XI

DE LA RAILLERIE ET DE LA PLAISANTERIE.

La raillerie et la plaisanterie naissent d'une fausse opinion et manifestent une imperfection soit dans le railleur, soit dans le raillé. Elles reposent sur une fausse opinion, parce qu'on suppose que celui dont on se moque est la première cause de ses actions et qu'elles ne dépendent pas (comme les autres choses) de la nature de Dieu d'une manière nécessaire. Elles supposent une imperfection dans le moqueur, car de deux choses l'une : ou la chose dont il se moque mérite la raillerie, ou elle ne la mérite pas; si elle ne la mérite pas, c'est évidemment un travers de railler ce qui n'est pas à railler; si elle la mérite, c'est donc que le railleur reconnaît dans sa victime une imperfection quelconque; mais alors ce n'est pas par la raillerie, mais par de bons conseils, qu'on doit chercher à le corriger.

Quant au rire, il appartient à l'homme, en tant qu'il remarque en lui-même quelque chose de bon : c'est donc une espèce de joie, et nous n'avons rien à en dire que ce que nous avons dit de la joie; je parle de ce rire qui part d'une certaine idée, et non de celui qui est excité par le mouvement des esprits et qui n'a aucun rapport au bien et au mal.

Enfin, nous n'avons rien à dire de l'envie, de la colère et de l'indignation, si ce n'est qu'on veuille bien se souvenir de ce que nous avons dit sur la haine.

CHAPITRE XII

DE L'HONNEUR, DE LA HONTE, DE LA PUDEUR ET DE L'IMPUDENCE.

L'*honneur* est une espèce de joie que l'homme ressent en lui-même, lorsqu'il voit ses actes loués et estimés par les autres hommes, sans aucun espoir de lucre ou d'utilité.

La *honte* est une sorte de tristesse qui naît dans l'homme quand il voit ses actions méprisées par autrui, sans aucune crainte de dommage ou d'incommodité.

L'*impudence* est le manque ou le rejet de toute honte, non par des motifs de raison, mais soit par ignorance (comme chez les enfants et les sauvages), soit parce qu'un homme, tenu par les autres en grand mépris, en est venu lui-même à tout mépriser sans aucun scrupule.

Ces passions étant une fois connues, nous connaissons par là même le vide et l'imperfection qu'elles renferment. Pour ce qui est de l'honneur et de la honte, non-seulement ces passions sont inutiles; mais encore, en tant qu'elles reposent sur l'amour de soi et sur l'opinion que l'homme est la première cause de ses actions et qu'il mérite l'éloge ou le blâme, elles sont funestes et doivent être rejetées.

Je ne dis pas qu'il faut vivre au milieu des hommes comme on vivrait en dehors d'eux, là où il n'y aurait place ni pour l'honneur ni pour la honte; j'accorde au contraire que non-seulement il nous est permis de faire usage de ces passions, lorsque nous pouvons les employer à l'utilité de notre prochain et pour son amendement, mais encore qu'à cet effet nous pouvons restreindre notre liberté (j'entends la liberté parfaite permise). Par exemple, si quelqu'un s'habille magnifiquement pour se faire admirer, il cherche un honneur qui a sa source dans l'amour de soi, sans aucune préoccupation pour son prochain; mais si un homme voit sa sagesse (par laquelle il pourrait être utile à son prochain) dédaignée et foulée aux pieds parce qu'il est humblement vêtu, il aura raison, pour venir en aide aux autres hommes, de choisir un vêtement qui n'offense pas les yeux, et de se rendre semblable à son prochain pour se concilier sa bienveillance.

Quant à l'impudence, elle est de telle nature que sa définition seule suffit pour en faire voir le défaut.

CHAPITRE XIII

DE LA FAVEUR (BIENVEILLANCE), DE LA GRATITUDE ET DE L'INGRATITUDE.

Les deux premières de ces passions sont des affections de l'âme qui nous portent à rendre ou à faire du bien à notre prochain. Je dis *rendre*, lorsque nous faisons du bien à notre tour à celui qui nous en a fait le premier; je dis *faire*, lorsque c'est nous-mêmes qui avons obtenu quelque bien [1].

1. Il y a là quelque confusion dans la rédaction : mais la pensée est très-claire. (P. J.)

Quoique la plupart des hommes pensent que ces passions sont bonnes, néanmoins je ne crains pas de dire qu'elles ne conviennent pas à l'homme parfait, car l'homme parfait est poussé seulement par la nécessité, sans l'influence de nulle autre cause, à venir en aide à son voisin : c'est pourquoi il se voit d'autant plus obligé envers les scélérats, qu'il découvre en eux plus de misère.

L'ingratitude est le mépris ou le rejet de toute gratitude, comme l'impudence de toute pudeur; et cela sans un motif quelconque de raison, mais uniquement par avidité, ou par excès d'amour de soi : c'est pourquoi elle n'a pas de place dans l'homme parfait.

CHAPITRE XIV

DU REGRET.

La dernière des passions dont nous ayons à traiter est le regret [1], qui est une espèce de tristesse d'un bien perdu que nous désespérons de recouvrer. Cette passion nous manifeste tout d'abord l'imperfection qu'elle renferme; et il nous suffit de la considérer pour la déclarer immédiatement mauvaise; puisque nous avons suffisamment prouvé qu'il est mauvais en soi de s'attacher et de s'enchaîner aux choses qu'il est si facile de perdre et que nous n'avons pas comme

1. Le mot hollandais est *Beklag*, que le traducteur latin traduit à tort par *commiseratio*. (P. J.)

nous voulons; de plus, comme elle est une espèce de tristesse, il faut l'éviter, ainsi que nous l'avons montré en traitant de la tristesse.

Je crois donc avoir assez montré et démontré que c'est seulement la foi vraie et la raison qui nous conduisent à la connaissance du bien et du mal. Et maintenant, si, comme nous le ferons voir, la première et principale cause de toutes ces passions est la connaissance, on verra clairement qu'en usant bien de notre entendement et de notre raison, nous ne tomberons jamais dans ces passions. Je dis notre entendement, parce que je pense que la raison [1] seule n'a pas assez de force pour nous délivrer en cette circonstance de toutes ces passions, comme nous le ferons voir en son lieu.

Cependant il est important encore de remarquer d'une manière générale que toutes les passions bonnes sont de telle nature que sans elles nous ne pouvons ni exister ni subsister, et par conséquent qu'elles nous appartiennent essentiellement, par exemple l'amour, le désir et tout ce qui appartient à l'amour.

Il en est tout autrement de celles qui sont mauvaises et aptes à détruire : non-seulement nous pouvons être sans elles, mais encore c'est seulement lorsque nous sommes délivrés d'elles que nous sommes ce que nous devons être.

Pour parler encore plus clairement, remarquons que le fondement de tout bien et de tout mal est l'amour, suivant qu'il tombe sur tel ou tel objet : car si nous n'aimons pas l'objet qui, avons nous dit, est le seul digne d'être aimé, à savoir Dieu, si nous aimons au contraire les choses qui par leur nature propre sont périssables, il s'ensuit nécessairement (ces objets étant exposés à tant d'accidents et

1. Voir sur cette distinction la note ci-dessus, p. 20. (P. J.)

même à l'anéantissement) que nous éprouvons la haine et la tristesse après le changement de l'objet aimé, la haine lorsque quelqu'un nous l'enlève, la tristesse lorsque nous le perdons. Si au contraire l'homme arrive à aimer Dieu, qui est et demeure éternellement inaltérable, il lui devient alors impossible de tomber dans cette fange des passions : car nous avons établi comme une règle fixe et inébranlable que Dieu est la première et unique cause de tout notre bien et le libérateur de tous nos maux.

Enfin il est encore à remarquer que seul l'amour est infini, c'est-à-dire que plus il s'accroît, plus nous sommes parfaits, puisque, son objet étant infini, il peut toujours grandir, ce qui ne se rencontre dans aucune autre chose; et c'est ce qui nous servira plus tard (dans notre 23e chapitre) à prouver l'immortalité de l'âme, et nous expliquerons de quelle nature elle peut être.

Maintenant, après avoir parlé de tout ce qui concerne les effets de la troisième espèce de connaissance, à savoir la vraie foi, nous passerons aux effets du quatrième et dernier mode, dont nous n'avons pas encore parlé.

CHAPITRE XV

DU VRAI ET DU FAUX.

Pour bien comprendre comment le quatrième degré de la connaissance nous fait connaître le vrai et le faux, nous devons donner d'abord une définition de l'un et de l'autre.

La vérité est l'affirmation et la négation d'une chose, laquelle convient avec cette chose.

Le faux est l'affirmation ou la négation d'une chose, laquelle ne convient pas avec cette chose.

Maintenant, comme l'une et l'autre, à savoir l'affirmation et la négation, sont de purs modes de la connaissance, il n'y a pas d'autre différence entre l'idée vraie et l'idée fausse, si ce n'est que l'une convient avec la chose et que l'autre ne convient pas, et elles ne diffèrent ainsi qu'au point de vue logique et non réellement. S'il en est ainsi, on peut demander avec raison : Quel avantage l'un a-t-il de posséder la vérité, quel dommage y a-t-il pour l'autre d'être dans l'erreur? Ou encore : Comment l'un peut-il savoir que son concept ou son idée conviennent mieux que celui ou celle des autres? En un mot, d'où vient que l'un se trompe et l'autre non? A quoi l'on peut répondre que les choses claires non-seulement se font connaître elles-mêmes, mais encore font connaître le faux, si bien que ce serait une grande folie de se demander comment nous pouvons nous assurer de la vérité. Car, puisque nous supposons que ce sont les choses les plus claires, il ne peut pas y avoir d'autre clarté qui les rende plus claires, la vérité ne pouvant être rendue claire que par la vérité, c'est-à-dire par elle-même, comme aussi la fausseté n'est claire que par la vérité; mais jamais la fausseté n'est éclaircie et prouvée par elle-même. Celui-là donc qui possède la vérité ne peut pas douter qu'il ne la possède ; au contraire, celui qui est attaché au faux et à l'erreur peut se faire l'illusion qu'il est dans la vérité, comme celui qui rêve peut bien se figurer qu'il veille; mais celui qui veille ne peut jamais penser qu'il rêve.

Cela posé, on s'explique dans une certaine mesure

ce que nous avons dit, à savoir que Dieu est la vérité, et que la vérité est Dieu.

Quant à la cause pour laquelle l'un a plus conscience de la vérité que l'autre, cela vient de ce que, dans le premier, l'idée de l'affirmation ou de la négation qui convient avec la nature de la chose a plus de réalité (d'essence). Pour bien entendre cela, il faut remarquer que *le* comprendre (quoique le mot paraisse indiquer le contraire) est un fait purement passif, c'est-à-dire que notre âme est modifiée de telle manière qu'elle éprouve certains modes de connaissance qu'elle n'avait pas auparavant. C'est pourquoi si quelqu'un, étant affecté par la totalité de l'objet, reçoit telle forme ou tel mode de penser, il est clair qu'il acquiert une autre perception de la forme ou de la qualité de cet objet que celui qui n'a pas subi l'action d'un aussi grand nombre de causes, et qui est déterminé à affirmer ou à nier par une action moindre et plus légère, ayant pris connaissance de cet objet par de moins nombreuses ou de moins importantes affections. D'où l'on voit la perfection de celui qui est dans la vérité, au prix de celui qui n'y est pas : l'un étant plus facile à se laisser modifier, et l'autre moins, il s'ensuit que celui-ci a plus de constance et plus d'être que l'autre; de plus les modes de penser, qui conviennent avec les choses, ayant été déterminés par un plus grand nombre de causes, ont plus de constance et d'essence; et comme ils conviennent en tout avec la chose, il est impossible qu'en aucun temps ils soient modifiés, ou souffrent aucun changement du côté de la chose, puisque nous avons vu que l'essence des choses est immuable : or c'est ce qui n'a pas lieu dans le faux. Cela dit, nous avons assez répondu à la présente question.

CHAPITRE XVI

DE LA VOLONTÉ.

Sachant maintenant ce que c'est que le bien et le mal, le vrai et le faux, et en quoi consiste le bonheur de l'homme parfait, il est temps de venir à la connaissance de nous-mêmes et de voir si pour arriver à ce bonheur nous sommes libres ou nécessités.

Il faut demander d'abord à ceux qui admettent l'existence d'une volonté, ce que c'est que cette volonté et en quoi elle se distingue du désir. Nous appelons désir cette inclination de l'âme qui la porte vers ce qu'elle reconnaît comme un bien. Avant donc que notre désir se porte extérieurement vers quelque objet, il a fallu d'abord porter un jugement, à savoir que telle chose est bonne. C'est cette affirmation prise d'une manière générale comme puissance d'affirmer ou de nier qui s'appelle la volonté [1].

Voyons donc si cette affirmation a lieu en nous librement ou nécessairement, c'est-à-dire si, lorsque

1. La volonté, prise pour l'affirmation ou pour le jugement, se distingue de la vraie foi et de l'opinion. Elle se distingue de la vraie foi en ce qu'elle peut s'étendre à ce qui n'est pas vraiment bon; et en ce que la conviction qui s'y trouve n'est pas de nature à voir clairement qu'il est impossible qu'il en soit autrement, ce qui au contraire a lieu et ne doit avoir lieu que dans la vraie foi d'où ne peuvent naître que de bons désirs. D'un autre côté la volonté se distingue de l'opinion, en ce que, dans certains cas, elle peut être assurée et infaillible, tandis que l'opinion ne consiste que dans la conjecture et dans l'à peu près; si bien qu'on pourrait l'appeler foi vraie, en tant qu'elle est capable de certitude et opinion en tant qu'elle est sujette à l'erreur. (MS.)

nous affirmons ou nions quelque chose, nous le faisons sans y être contraints par aucune cause externe. Nous avons déjà démontré que la chose, qui n'est pas conçue par elle-même, dont l'essence n'enveloppe pas l'existence, doit avoir nécessairement une cause externe, et qu'une cause qui doit produire quelque action, la produit d'une manière nécessaire. Il s'ensuit évidemment que la puissance de vouloir ceci ou cela, d'affirmer ceci ou cela, qu'une telle puissance, dis-je, doit venir d'une cause extérieure [1], et d'après la définition que nous avons donnée de la cause, qu'une telle cause ne peut être libre.

1. Il est certain que la volonté particulière doit avoir une cause externe, par laquelle elle est; car l'existence n'appartenant pas à son essence, elle doit nécessairement être par l'existence d'une autre. Si l'on dit que la cause de cette volition n'est pas une idée, mais la volonté elle-même, et qu'elle ne saurait exister sans l'entendement, que la volonté par conséquent, prise en soi d'une manière indéterminée, de même que l'entendement, ne sont pas des êtres de raison, mais des êtres réels, je réponds qu'en ce qui me concerne, si je considère attentivement ces objets, je n'y vois que des concepts universels, et je ne puis leur attribuer aucune réalité. Accordons cependant ce qu'on nous demande, on devra toujours avouer que la volition est une modification de la volonté, comme les idées sont des modes de l intelligence : donc l'intelligence et la volonté sont des substances distinctes et diffèrent l'une de l'autre réellement, car c'est la substance, non le mode, qui est modifiée. Si maintenant on admet que l'âme dirige l'une et l'autre substance, il y aura donc une troisième substance: toutes choses si confuses qu'il est impossible de s'en faire une idée distincte. Car, comme les idées ne sont pas dans la volonté, mais dans l'entendement, suivant cette règle que le mode d'une substance ne peut passer dans une autre, l'amour ne pourra pas naître dans la volonté, puisqu'il implique contradiction de vouloir quelque chose dont l'idée n'est pas dans la puissance voulante elle-même.

Dira-t-on que la volonté, par son union avec l'intelligence, peut percevoir ce que l'entendement conçoit, et par conséquent l'aimer? nous répondons que percevoir est encore un mode de l'intelligence et ne peut par conséquent être dans

Cela ne satisfera probablement pas quelques-uns, plus habitués à occuper leur esprit avec des êtres de raison qu'avec les choses particulières qui seules existent réellement dans la nature : en conséquence de quoi ils traitent ces êtres de raison non comme tels, mais comme des êtres réels. Car, l'homme ayant telle ou telle volition, il en fait un mode général (de penser) qu'il appelle volonté, de même que de l'idée de tel ou tel homme particulier il se fait une idée générale de l'homme; et, comme il ne sait pas séparer les êtres réels des êtres de raison, il s'ensuit

la volonté, lors même qu'il y aurait entre la volonté et l'entendement une union du même genre que celle qui existe entre le corps et l'âme; car admettons que l'âme soit unie au corps comme on l'entend habituellement; cependant le corps ne sent pas et l'âme n'est pas étendue. Si l'on dit encore que c'est l'âme qui gouverne les deux, entendement et volonté, cela est non-seulement impossible à comprendre, mais encore se détruit soi-même, puisqu'en parlant ainsi on semble nier précisément que la volonté soit libre.

Pour en finir, car je ne puis ajouter ici tout ce que j'ai à dire contre l'hypothèse d'une substance créée, je dirai encore brièvement que la liberté de la volonté ne concorde en aucune façon avec la théorie de la création continuée, telle que les mêmes philosophes (les Cartésiens) l'entendent, à savoir : que Dieu n'use que d'une seule et même activité pour conserver une chose dans l'être et pour la créer, autrement, elle ne pourrait subsister un seul instant. S'il en est ainsi, rien ne peut être attribué en propre à la chose; mais on devrait dire que Dieu l'a créée telle qu'elle est, car n'ayant pas le pouvoir de se conserver, elle a bien moins encore celui de se produire elle-même. Si donc on disait que l'âme tire sa volonté d'elle-même, je demande par quelle force? non sans doute par celle qui était antérieurement, puisqu'elle n'est plus; ni par celle qu'elle a maintenant, car elle n'en a absolument aucune par laquelle elle puisse être ou durer le plus faible instant, puisqu'elle est créée continuellement. Donc puisqu'il n'existe aucune chose qui ait la force de se conserver et de produire quelque chose, il ne reste qu'à conclure que Dieu seul est et doit être la cause efficiente de toutes choses, et que tout acte de volonté est déterminé par Dieu seul. (MS.)

qu'il considère ceux-ci comme des choses réelles, et ainsi il se considère comme étant lui-même une cause, comme il arrive dans la question dont nous parlons. Car on se demande pourquoi l'homme veut ceci ou cela, et la réponse est : parce qu'il a une volonté. Cependant la volonté, comme nous l'avons dit, n'étant que l'idée généralisée de telle ou telle volition particulière, n'est par conséquent qu'un mode de la pensée, un *ens rationis* et non un *ens reale*; rien par conséquent ne peut être causé par là, car rien ne vient de rien. Si donc la volonté n'est pas une chose dans la nature, mais seulement une fiction, il n'y aura pas lieu de se demander si elle est libre ou non. Maintenant, s'agit-il de telle ou telle volition particulière, c'est-à-dire de l'affirmation et de la négation, pour savoir si nous sommes libres ou non, il suffit de se souvenir que l'acte de connaître est une pure passion, de sorte que nous n'affirmons, ne nions jamais quoi que ce soit de quelque chose; mais c'est la chose elle-même qui en nous affirme ou nie quelque chose d'elle-même.

Plusieurs se refusent à nous accorder cela, persuadés qu'ils peuvent à volonté affirmer ou nier d'un objet quelque chose d'autre que ce qu'ils ont dans l'esprit; mais cela vient de ce qu'ils ne font pas de différence entre l'idée d'une chose dans l'esprit et les mots par lesquels elle est exprimée. Il est vrai que lorsque quelque raison nous y porte, nous pouvons, soit par des mots, soit par tout autre moyen, communiquer aux autres sur une chose une pensée différente de celle que nous avons réellement. Mais il est impossible que nous-mêmes, par le moyen des mots ou de tout autre signe, nous sentions autre chose que ce que nous sentons : ce qui est clair pour tous ceux qui font attention à leur intelligence, abstraction faite de l'usage des signes.

On pourra nous objecter que, si c'est la chose elle-même qui en nous se nie ou s'affirme (et non pas nous-mêmes qui nions ou affirmons), s'il en est ainsi, rien ne peut être nié ou affirmé qui ne soit d'accord avec la chose; et alors, par conséquent, il ne peut y avoir aucune fausseté, car le faux consiste, avons-nous dit, en ce que l'on affirme ou l'on nie d'une chose ce qui ne s'accorde pas avec elle, c'est-à-dire précisément avec ce qu'elle ne nie pas ou n'affirme pas d'elle-même. Mais je pense que, si l'on fait attention à tout ce que nous avons dit, sur le vrai et sur le faux, on trouvera que cette objection a été suffisamment réfutée. En effet, avons-nous dit, c'est l'objet qui est la cause de ce qui est affirmé ou nié de lui, du vrai comme du faux : seulement le faux consiste en ce que nous n'apercevons d'un objet qu'une partie, et que nous nous figurons que c'est l'objet lui-même tout entier qui nie ou affirme telle chose de lui-même considéré comme tout : ce qui arrive surtout dans les âmes faibles, qui reçoivent facilement, par la plus faible action de l'objet, une idée dans leur âme, en dehors de laquelle ils ne peuvent rien affirmer ou nier.

Enfin on dira encore qu'il y a bien des choses que nous pouvons vouloir ou ne pas vouloir, comme par exemple affirmer ou nier, dire la vérité ou ne pas la dire. Cette objection vient de ce que l'on ne distingue pas assez le désir de la volonté. Car, quoique l'un et l'autre soient une affirmation ou une négation d'une chose, elles diffèrent cependant en ce que la dernière est dite sans aucun égard à ce qu'il peut y avoir de bon et de mauvais dans la chose, et le premier au contraire a égard à ce point de vue; c'est pourquoi le désir, même après l'affirmation et la négation que nous avons faite d'une chose, demeure encore, à savoir le désir d'obtenir ce que nous avons senti ou affirmé être bon, de telle sorte que la volonté peut bien exister sans désir, mais non le désir sans la volonté.

Donc toutes les actions dont nous avons parlé, en tant qu'elles sont accomplies par la raison sous la forme du bien, ou rejetées par elle sous la forme du mal, ne peuvent être rangées que dans les inclinations de l'âme que l'on nomme désirs, et non sous la catégorie et le nom de volonté.

CHAPITRE XVII

DE LA DIFFÉRENCE ENTRE LA VOLONTÉ ET LE DÉSIR.

Puisqu'il est évident que nous n'avons aucun libre arbitre pour l'affirmation et la négation, nous avons maintenant à chercher la vraie différence entre la volonté et le désir, en un mot à déterminer ce qui est, à proprement parler, la volonté (en latin *voluntas*).

D'après la définition d'Aristote, le désir (appétit) semble être un genre qui comprend deux espèces : car il dit que la volonté est l'inclination que les hommes ont pour le bien ou l'apparence du bien : d'où il suit, à ce qu'il me semble, qu'il range sous le nom d'appétits toutes les inclinations, tout aussi bien les bonnes que les mauvaises ; mais quand l'inclination a le bien pour objet, ou que celui qui en est possédé est trompé par l'apparence du bien, c'est alors ce qu'il nomme *voluntas* ou bonne volonté. Si au contraire elle est mauvaise (comme lorsque nous voyons chez un autre homme une inclination pour un objet réellement mauvais), c'est ce qu'il nomme alors volupté ou mauvaise volonté : de telle sorte que l'inclination de l'âme n'est pas une tendance à affirmer ou à nier, mais un désir d'acquérir quelque chose, sous l'apparence du bien, ou d'éviter le mal.

Maintenant, il nous reste à rechercher si ce désir est libre ou n'est pas libre. La conclusion résulte déjà de ce que nous avons dit, à savoir que le désir dépend de la représentation, et que cette représentation doit avoir une cause extérieure ; c'est ce qui résulte encore de ce que nous avons dit de la volonté : mais il nous reste à montrer que le désir en lui-même n'est pas libre.

Quoique la plupart des hommes voient bien que la connaissance qu'ils ont des choses est un intermédiaire par lequel leur appétit passe d'un objet à un autre, ils ne remarquent pas cependant quelle cause détermine ainsi ce changement d'objet. Mais, pour faire voir que l'inclination en nous n'est pas libre, et nous mettre devant les yeux d'une manière vive ce que peut être le penchant qui nous entraîne et nous fait passer d'objet en objet, représentons-nous un enfant qui, pour la première fois, est saisi de la perception d'un objet : par exemple, je lui montre une sonnette qui produit un son agréable à son oreille et lui inspire le désir de la posséder; voyez s'il peut s'affranchir de cette passion et de ce désir ? Si vous dites : Oui, je vous demande pour quelle cause il le ferait? Ce n'est pas certainement pour quelque autre objet qu'il connaisse mieux, puisque c'est encore le seul qu'il connaisse, puisqu'il n'a en ce moment devant lui aucun autre objet de perception, et que le plaisir est le plus grand qui s'offre à lui. Peut-être dira-t-on qu'il a la liberté d'écarter ce désir, que si le désir à la vérité commence en nous sans liberté de notre part, nous avons néanmoins ensuite le pouvoir de nous en dégager? mais non, une telle liberté ne peut apporter en sa faveur la moindre preuve. C'est ce que l'on voit clairement, car quelle serait donc la cause qui pourrait ainsi détruire le désir? Serait-ce le désir lui-même? Certainement non, car il n'est rien qui par sa nature aspire à sa propre destruction. Quelle cause donc pourrait supprimer le désir? Rien sans doute, si ce n'est que, suivant l'ordre et le cours de la nature, l'enfant soit affecté par quelque objet qui lui paraîtra plus agréable que le premier.

C'est pourquoi, de même que nous avons dit de la volonté qu'elle n'est rien autre chose dans l'homme que telle et telle volonté particulière, de même nous dirons ici que le désir n'est rien autre que tel et tel désir, causé par telle ou telle perception; le désir pris en général n'est rien de réel, mais il est abstrait de tel ou tel désir particulier; n'étant rien de réel, il ne peut rien causer réellement. Si donc nous disons que le désir est libre, c'est comme si nous disions que tel ou tel désir est cause de lui-même, c'est-à-dire qu'il a été cause de sa propre existence avant d'exister, ce qui est l'absurdité même et d'une absolue impossibilité.

CHAPITRE XVIII

DE L'UTILITÉ DE LA DOCTRINE PRÉCÉDENTE.

Nous voyons maintenant que l'homme, en tant qu'il fait partie de la nature, dont il dépend et par laquelle il est régi, ne peut rien par lui-même pour son salut et pour son bonheur. Il nous reste à apprendre de quelle utilité peuvent être pour nous les affirmations précédentes, et cela est d'autant plus nécessaire que nous savons bien qu'elles déplairont à un grand nombre de personnes.

1° Il suit de là que nous sommes en vérité les serviteurs et les esclaves de Dieu, et que c'est le plus grand bien pour nous qu'il en soit nécessairement ainsi. Car, si nous n'étions dépendants que de nous-mêmes et non de Dieu, il y aurait bien peu de chose, ou même rien, que nous serions capables de bien faire, et nous nous tromperions sans cesse nous-mêmes, à l'inverse de ce que nous voyons maintenant : en effet dépendant de l'être le plus parfait, et étant partie du Tout, c'est-à-dire de lui-même, nous contribuons pour notre part à l'accomplissement de tant d'œuvres admirablement ordonnées et parfaites qui dépendent de lui.

2° En second lieu, cette doctrine fera qu'après l'accomplissement d'une bonne action, nous n'en tirerons pas avantage avec présomption (laquelle présomption est cause que, nous croyant quelque chose de grand comme si nous n'avions plus besoin de faire de progrès, nous restons au point où nous sommes : ce qui est entièrement contraire à l'idée de notre perfection, qui consiste en ce que nous devons sans cesse nous efforcer de faire de nouveaux progrès); mais au contraire nous attribuons à Dieu toutes nos actions, comme à la première et seule cause de tout ce que nous faisons et de tout ce que nous produisons.

3° Cette connaissance, en produisant en nous le véritable amour du prochain, fait que nous n'avons jamais pour lui ni haine ni colère, et que nous désirons au contraire le secourir et améliorer sa condition : ce qui est le propre des hommes qui ont atteint une haute perfection ou essence.

4° Elle est encore utile au bien public; car, grâce à elle, aucun juge ne favorisera une partie aux dépens de l'autre, et, contraint de punir l'un et de récompenser l'autre, il le fera avec l'intention de secourir et de favoriser le premier autant que le second.

5° Elle nous délivre de la tristesse, du désespoir, de l'envie, de la terreur, de toutes les mauvaises passions, qui, comme nous le dirons, ne sont toutes que géhenne.

6° Elle nous conduit à ne pas craindre Dieu, comme d'autres craignent le diable qu'ils ont inventé dans leur imagination. Car comment craindrions-nous Dieu, qui est le bien suprême et par lequel toutes choses qui ont une essence sont ce qu'elles sont, et par lequel nous sommes nous-mêmes, nous qui vivons en lui.

7° Elle nous conduit à tout attribuer à Dieu et à aimer lui seul, parce qu'il est ce qu'il y a de plus excellent et de plus parfait, et ainsi de nous immoler entièrement à lui. Car c'est en cela que consiste essentiellement le vrai culte de Dieu, aussi bien que notre salut éternel et notre béatitude, l'unique perfection et le but suprême d'un esclave et d'un instrument étant d'accomplir la fonction qui leur est assignée. Par exemple, lorsqu'un artisan, dans la fabrication d'une pièce d'ouvrage, se sert d'une hache qui fait bien son service, cette hache a atteint à sa fin et à sa perfection. Si cependant cet artisan se disait : « Cette hache m'a bien servi; je vais la laisser reposer, et je ne m'en servirai plus pour aucun usage, » cette hache serait détournée de son but et ne serait plus même une hache. Ainsi l'homme, en tant qu'il est une partie de la nature, doit suivre les lois de la nature, et c'est là le culte de Dieu; et, aussi longtemps qu'il fait cela, il est heureux. Et même si Dieu, par impossible, voulait que les hommes ne le servissent plus, ce serait comme s'il voulait leur ravir leur salut et les détruire, car tout ce qu'ils sont consiste uniquement à servir Dieu.

CHAPITRE XIX

DE NOTRE BÉATITUDE.

Après avoir montré les divers avantages de la vraie foi, nous nous efforcerons de satisfaire à nos promesses : à savoir de rechercher si la connaissance que nous avons acquise du bien et du mal, du vrai et du faux, et de ce qui en résulte, si, dis-je, cette connaissance peut nous conduire au salut, ou à l'amour de Dieu, dans lequel consiste, comme nous l'avons remarqué, tout notre bonheur, et aussi comment nous pouvons nous affranchir des passions que nous avons appelées mauvaises.

Pour parler d'abord de ce dernier point, à savoir la délivrance des passions [1], je dis que si elles n'ont pas

1. Toutes les passions qui combattent contre la droite raison (comme nous l'avons démontré précédemment) naissent de l'opinion; et tout ce qu'il y a de bon ou de mauvais dans les passions, nous est montré par la vraie foi. Mais ni l'une ni l'autre, ni l'une et l'autre ensemble, ne sont capables de nous affranchir. C'est seulement le troisième degré de connaissance, à savoir la vraie connaissance, qui peut nous rendre libres, et sans elle il nous est impossible de le devenir, comme nous le montrerons dans la suite. N'est-ce pas d'ailleurs le même principe que d'autres ont signalé en se servant d'autres expressions? Qui ne voit en effet que l'on peut entendre par opinion ce que l'on appelle le *péché*, par la foi ce que l'on appelle la *loi* qui fait con-

d'autres causes que celles que nous avons indiquées, nous n'avons qu'à faire un bon usage de notre entendement (ce qui nous est facile, ayant une mesure du vrai et du faux [1]), pour être assurés de ne pas nous laisser égarer par elles.

Que ces passions n'aient pas d'autres causes que celles que nous avons dites, c'est ce que nous avons d'abord à démontrer; et ici il me paraît nécessaire de nous étudier tout entiers, tant pour ce qui concerne le corps que pour ce qui concerne l'âme, et de montrer qu'il y a dans la nature un corps dont la constitution et les actions nous affectent et dont nous avons conscience; et nous procéderons ainsi, parce que, aussitôt que nous aurons vu les actions du corps et ce qui en résulte, nous connaîtrons la première et principale cause de toutes les passions, et par conséquent le moyen de les détruire : d'où nous verrons en même temps si cela est possible par la raison; enfin nous traiterons avec plus de développement de l'amour de Dieu.

Il ne nous sera pas difficile de démontrer qu'il y a un corps dans la nature, sachant que Dieu est, et ce qu'il est. Nous avons défini Dieu un être qui a des attributs en nombre infini, chacun de ces attributs étant lui-même parfait et infini; et, comme l'étendue est un attribut que nous avons démontré être infini en son genre, elle est nécessairement un attribut de cet être infini, et puisque cet être infini existe subs-

naître le péché, par vraie connaissance la *grâce* qui nous délivre du péché? (MS.)

Cette note indique encore, comme nous l'avons déjà remarqué plusieurs fois, une origine chrétienne. (P. J.)

1. C'est-à-dire que lorsque avons une connaissance profonde du bien et du mal, il nous est impossible de rester sujets à ce qui cause la passion; car, lorsque nous connaissons véritablement le bien et que nous en jouissons, le mal n'a plus d'empire sur nous. (P. J.)

tantiellement, il s'ensuit que l'étendue existe aussi substantiellement [1].

En outre, nous avons montré qu'il n'y a et qu'il ne peut y avoir aucun être en dehors de la nature qui est infinie ; il est donc évident que les actions du corps, par lequel nous percevons, ne peuvent venir d'autre chose que de l'étendue elle-même, et non pas, comme le pensent quelques-uns, de quelque être qui posséderait l'étendue éminemment, puisqu'il n'y a rien de semblable, comme nous l'avons fait voir au premier chapitre [2].

Nous avons donc maintenant à remarquer que tous les effets que nous voyons dépendre nécessairement de l'étendue doivent être attribués à cette propriété, comme le mouvement et le repos. En effet, si le pouvoir qui produit cet effet n'était pas dans la nature (quoiqu'il pût y avoir en elle beaucoup d'autres propriétés), ces effets ne pourraient pas être, car, pour qu'une chose quelconque produise un certain effet, il faut qu'il y ait en elle quelque chose par quoi c'est elle plutôt qu'une autre qui doive produire cet effet. Et ce que nous disons de l'étendue, nous le disons de la pensée, et en général de tout ce qui est.

Remarquons en outre qu'il ne se passe rien en nous dont nous ne puissions avoir conscience : d'où il suit

1. Nous avons déjà remarqué que Spinoza, à cette période de la philosophie, ne distingue pas encore nettement, comme il le fera dans l'*Ethique*, l'attribut et la substance. C'est le point de vue des Lettres à Oldenburg (Lettre IV) : « Per *substantiam* intelligo, cujus conceptus non involvit conceptum alterius rei. Per *attributum* explicui in cujus conceptus non involvit conceptum alterius rei. » On voit qu'il donne la même définition pour l'attribut que pour la substance. Aussi conclut-il : « Præter substantias et accidentia nihil datur realiter. » Ce n'est que dans l'*Ethique* que l'attribut est défini séparément et distingué de la substance et du mode. (P. J.)

2. Cette démonstration, à laquelle Spinoza renvoie ici, fait

que si nous ne trouvons rien autre chose en nous-mêmes que les effets de la chose pensante et de la chose étendue, nous pouvons dire avec confiance qu'il n'y a rien de plus en nous.

Maintenant, pour comprendre clairement les effets de ces deux puissances, nous commencerons par les examiner séparément et ensuite toutes deux ensemble, de même que les effets de l'une et de l'autre.

Si donc nous considérons l'étendue toute seule, nous n'y trouverons rien autre chose que le mouvement et le repos, et tous les effets qui en dérivent; et ces deux modes [1] sont tels, qu'ils ne peuvent être modifiés que par eux-mêmes. Par exemple, lorsqu'une pierre gît immobile, il est impossible que, par la pensée seule ou tout autre attribut, elle puisse être déplacée; elle ne le peut être que par le mouvement, c'est-à-dire, si une pierre animée d'un mouvement plus grand que son repos la fait mouvoir; et de même une pierre en mouvement ne peut s'arrêter que si elle rencontre quelque autre chose ayant un mouvement moindre. D'où il suit qu'aucun mode de pensée ne peut produire dans le corps le repos ou le mouvement.

Cependant, d'après ce que nous savons par notre propre expérience, il peut arriver que le corps, qui a déjà une direction dans un sens, en prenne une autre dans un autre sens : comme, par exemple, lorsque je tends mon bras, je fais en sorte que les esprits, qui avaient leur mouvement propre, en changent pour se diriger [2] de ce côté, ce qui, à la vérité, n'arrive pas

défaut dans le premier chapitre. Il semble faire allusion à quelque théorie semblable à celle de l'étendue intelligible de Malebranche. (P. J.)

1. Je dis *deux modes*, parce que le repos lui-même n'est pas un rien. (MS.)

2. C'est aussi la doctrine de Descartes, qui admettait que

toujours, mais dépend de la disposition des esprits. La cause de ce que nous disons est que l'esprit, qui est l'idée du corps, est tellement uni avec lui, qu'il ne forme avec lui qu'un tout naturel.

Quant aux effets de l'autre attribut, c'est-à-dire de la pensée, le principal est la représentation des choses; et en raison de la manière dont nous les percevons, nous éprouvons de la haine et de l'amour, effets qui n'enveloppant en aucune façon l'étendue, ne peuvent pas être attribués à l'étendue mais seulement à la pensée. Ainsi la cause de tous les changements qui se produisent dans ces phénomènes ne doit être cherchée que dans la pensée, et non dans l'étendue : comme nous le voyons dans l'amour, dont la production ou la destruction résulte d'une idée, ce qui a lieu (comme nous l'avons déjà dit) lorsque nous apercevons quelque bien dans l'objet aimé ou quelque mal dans l'objet odieux.

Si maintenant ces deux propriétés agissent l'une sur l'autre, l'une éprouve alors quelque passion de la part de l'autre : par exemple, dans l'étendue, la détermination du mouvement, que nous avons le pouvoir de modifier dans la direction que nous voulons. Cette action, par laquelle une des propriétés pâtit de la part de l'autre se produit de la manière suivante, comme nous avons déjà dit : c'est que l'âme peut faire que les esprits qui seraient mus dans un sens soient mus dans un autre sens ; mais, comme les esprits sont mus de leur côté par le corps et peuvent être déjà déterminés dans leur direction, il arrivera donc qu'ayant ainsi une certaine direction en vertu des lois du corps, et en recevant une autre de l'âme, il se produira en nous des combats, dont nous avons

l'âme ne peut pas créer le mouvement, mais qu'elle peut le diriger. Leibniz, plus tard, nia aussi bien l'un que l'autre. (P. J.)

conscience sans avoir conscience de leurs causes, quoique ces causes puissent nous être bien connues d'une autre manière.

D'un autre côté, l'âme peut être empêchée dans la puissance qu'elle a de mouvoir les esprits, soit parce que ce mouvement des esprits est trop faible, soit au contraire parce qu'il est trop fort : par exemple, les esprits sont diminués lorsque nous avons pris trop peu de nourriture ou que, par une course excessive, les esprits ont donné au corps un mouvement excessif et se sont par là dissipés et affaiblis. Ils sont trop augmentés lorsque, par le vin ou toute autre boisson un peu forte, on devient trop gai ou même ivre, et que notre âme n'a plus la puissance de diriger notre corps.

Voilà pour l'action de l'âme sur le corps. Considérons maintenant l'action du corps sur l'âme. Cette action consiste surtout en ce que c'est le corps qui met l'âme en état de le percevoir lui-même, et par là aussi les autres corps : ce qui est produit uniquement par le mouvement et le repos, car ce sont pour le corps les seuls modes d'action. D'où il suit que, en dehors de cette perception, il ne se produit rien dans les âmes qui puisse être causé par le corps. Maintenant, puisque la seule chose que l'âme apprenne à connaître, c'est le corps, il s'ensuit que l'âme l'aime tout d'abord et est unie avec lui. Mais nous avons vu que la cause de l'amour, de la haine et de la tristesse ne doit pas être cherchée dans le corps, mais dans l'âme, puisque toutes les actions des corps peuvent se ramener au repos et au mouvement ; et nous voyons aussi clairement et distinctement que l'amour d'un objet n'est détruit que par la représentation de quelque chose de meilleur : il s'ensuit évidemment que lorsque nous commençons à connaître Dieu, au moins aussi d'une connaissance aussi claire que celle de notre corps, nous nous unissons alors à lui plus étroitement qu'avec le corps; et alors seulement nous sommes affranchis du corps. Je dis *plus étroitement,* car nous avons déjà démontré antérieurement que sans Dieu nous ne pouvons ni exister ni être conçus, et cela vient de ce que nous ne le connaissons et ne pouvons le connaître que par lui-même, et par conséquent beaucoup mieux que nous ne nous connaissons nous-mêmes, puisque nous ne pouvons nous connaître sans lui.

De ce que nous avons dit jusqu'ici, il est facile de déduire quelles sont les principales causes de nos passions. Le corps et ses actes, repos et mouvement, ne peuvent apporter aucune modification à l'âme, si ce n'est se présenter à elle comme objets; et selon les représentations qu'ils nous procurent, soit du bien, soit du mal [1], l'âme est différemment affectée; mais ce n'est pas le corps en tant que corps qui produit cet effet (car alors il serait la principale cause des

1. Mais d'où vient, dira-t-on, que nous connaissons tel objet comme bon, tel autre comme mauvais? Réponse : comme ce sont les objets qui font que nous les percevons, nous sommes affectés par l'un autrement que par l'autre. Ceux-là donc par lesquels nous sommes affectés de la manière la plus mesurée possible (en raison de la proportion de repos et de mouvement qui les constitue), ceux-là nous sont les plus agréables, et, dans la mesure où ils s'éloignent de cette proportion, moins agréables. De là naissent en nous toute espèce de sentiments, dont nous avons conscience, et qui fréquemment sont produits en nous par des objets corporels qui agissent sur notre corps et que nous appelons impulsions, comme par exemple si nous faisons rire quelqu'un qui est dans la tristesse, en le chatouillant ou en le faisant boire du vin, ce dont l'âme a conscience, sans en être cause : car, lorsqu'elle agit elle-même, le genre de gaieté qu'elle produit est d'une toute autre nature, car alors ce n'est pas le corps qui agit sur le corps, mais c'est l'âme raisonnable qui se sert du corps comme d'un instrument; et ainsi plus l'âme agit, plus le sentiment est parfait. (MS.)

passions) ; c'est le corps en tant qu'objet, comme seraient toutes choses autres qui produiraient un effet semblable, si elles se présentaient de la même manière à l'âme. Par où je ne veux pas dire que l'amour, la haine et la tristesse qui naissent de la considération des choses immatérielles produisent les mêmes effets que l'amour, la haine ou la tristesse qui naissent de la considération des choses corporelles; car celles-là, comme nous l'avons dit déjà, auront des effets tout différents, en raison de la nature de l'objet dont la perception les fait naître dans l'âme lorsqu'elle les considère.

Ainsi, pour en revenir à ce qui précède, si une chose supérieure au corps se présente à l'âme, il est certain que le corps n'aura plus alors la puissance de produire les mêmes effets qu'il produit actuellement. D'où il suit que non-seulement le corps n'est pas la principale cause des passions, mais encore que si quelque autre chose pouvait produire en nous les passions dont nous parlons, cet autre objet ne pourrait cependant agir sur l'âme autrement et plus que ne fait le corps. Car ce ne pourrait être qu'un objet qui serait complétement distinct de l'âme, et duquel par conséquent nous n'aurions pas autre chose à dire que ce que nous avons dit du corps.

Nous pouvons donc conclure avec vérité que l'amour, la haine et la tristesse et les autres passions sont causées dans l'âme tantôt d'une manière, tantôt d'une autre, et selon la forme de la connaissance qu'elle se fait des choses; et en conséquence, lorsqu'elle arrive à connaître l'être le plus excellent, il sera impossible alors que l'une de ces passions puisse produire sur elle la moindre impression.

CHAPITRE XX

CONFIRMATION DU PRÉCÉDENT.

A l'égard de ce que nous venons de dire dans le chapitre précédent, on peut élever les difficultés suivantes :

1° Si le mouvement n'est pas cause des passions, comment se peut-il faire que l'on chasse la tristesse par certains moyens extérieurs, comme par exemple par le vin?

A cela on peut répondre qu'il faut distinguer entre la perception de l'objet corporel par l'âme, et le jugement qu'elle porte que cet objet est bon ou mauvais [1].

Si donc l'âme est dans l'état dont nous venons de parler, nous avons prouvé qu'elle a la puissance de mouvoir les esprits animaux dans le sens qui lui convient ; mais que cette puissance peut lui être enlevée lorsque, par d'autres causes, cet équilibre du corps est détruit ou changé : or, lorsqu'elle a conscience de ce changement, elle éprouve de la tristesse [2], en raison

1. C'est-à-dire entre la connaissance en général, et la connaissance relative au bien et au mal. (MS.)

2. La tristesse dans l'homme est causée par l'opinion qu'un mal lui arrive, par exemple la perte d'un bien. Lorsque cette opinion a lieu, elle a pour effet que les esprits animaux se précipitent à l'entour du cœur, et, avec l'aide des autres parties, le serrent, l'enveloppent, ce qui est le contraire de ce qui a lieu dans la joie : or l'âme prend de nouveau conscience de ce serrement de cœur, et elle en souffre. Que fait donc la médecine ou le vin en cette circonstance ? ils chassent par leur action les esprits animaux du cœur, et les dissipent de divers côtés ; et, l'âme en étant avertie, éprouve du soulagement, c'est-à-dire que la représentation d'un mal

du changement que les esprits subissent, laquelle tristesse est causée par l'amour et par l'union que l'âme a avec le corps. C'est ce qu'on peut facilement induire de ce fait, que l'on peut remédier à cette tristesse de deux manières : 1° par le rétablissement des esprits animaux dans leur premier état, c'est-à-dire par la délivrance de la peine ; 2° en persuadant à l'âme par de bonnes raisons de ne plus se préoccuper du corps. L'un de ces remèdes est purement temporel et sujet à rechute ; le second est éternel et inaltérable.

2° La seconde objection est celle-ci :

Puisque nous voyons que l'âme, quoique sans aucune communication avec le corps, peut cependant changer le cours des esprits animaux, pourquoi ne pourrait-elle pas faire qu'un corps en repos commençât à se mouvoir ? et par conséquent pourquoi ne pourrait-elle pas mouvoir, comme elle le voudrait, tous les corps, ayant déjà un mouvement propre ?

Mais si nous nous souvenons de ce que nous avons déjà dit de la chose pensante, il nous sera facile d'écarter cette difficulté. Nous disions en effet que, quoique la nature ait divers attributs, cependant ces attributs ne forment qu'un seul et même être [1], dont

est écartée par cette nouvelle proportion de repos et de mouvement qui est l'effet du vin, et cède la place à une autre, où l'entendement trouve plus de satisfaction. Mais ce n'est pas là une action immédiate du vin sur l'âme : c'est seulement une action du vin sur les esprits animaux. (MS.)

1. Il n'y a aucune difficulté à comprendre qu'un mode, quoique infiniment séparé par sa nature d'un autre mode, puisse agir sur lui : car il ne le fait qu'en tant que partie du même tout, puisque l'âme n'a jamais été sans corps, ni le corps sans âme.

En effet, d'après ce qui a été dit précédemment :

1° Il y a un être parfait.

2° Il ne peut y avoir deux substances.

3° Aucune substance ne peut commencer.

4° Toute substance est infinie en son espèce.

ces attributs sont affirmés; nous avons dit aussi qu'il n'y a qu'une seule chose pensante dans toute la nature, laquelle s'exprime en un nombre infini d'idées, répondant à l'infinie diversité des objets qui sont dans la nature : en effet, le corps revêtant telle modalité

5° Il doit y avoir un attribut de la pensée.

6° Rien n'existe dans la nature dont il n'y ait une idée dans la chose pensante, et cette idée vient à la fois de l'essence et de l'existence de cette chose.

7° Il résulte de ces propositions les conséquences suivantes :

8° En tant que sous la désignation d'une chose on n'entend que l'essence de cette chose sans son existence, l'idée de l'essence ne peut pas être considérée comme quelque chose de séparé : mais cela ne peut arriver que lorsque l'existence est donnée avec l'essence, c'est-à-dire lorsqu'un objet commence à exister qui n'existait pas auparavant. Par exemple, lorsque la muraille est blanchie, il n'y a rien là que l'on puisse appeler *ceci* ou *cela* (*so ist kein dieses oder jenes daran*), etc.

9° Maintenant, cette idée, séparée de toutes les autres, ne peut être qu'une idée de tel ou tel objet ; mais on ne peut dire qu'elle a elle-même une idée de cet objet, car une idée de ce genre, n'étant qu'une partie, ne peut avoir aucun concept clair et distinct d'elle-même et de son objet ; la chose pensante seule peut avoir un tel concept, parce qu'elle est toute la nature, tandis qu'une partie séparée de son tout ne peut rien, etc.

10° Entre l'idée et son objet, il doit y avoir nécessairement union, parce que l'une ne peut pas exister sans l'autre : car il n'y a pas un seul objet dont il n'y ait une idée dans la chose pensante, et, réciproquement, aucune idée n'existe sans que l'objet existe également En outre, l'objet ne peut être changé sans que l'idée soit changée aussi, et réciproquement ; de sorte qu'il n'est pas besoin d'un troisième terme qui effectuerait cette union de l'âme et du corps. Cependant il ne faut pas oublier que nous ne parlons ici que des idées qui naissent nécessairement de l'existence des choses, en même temps que de leur essence en Dieu, mais non des idées que les choses actuelles déterminent en nous; il y a en effet entre ces deux sortes d'idées une grande différence, car les idées en Dieu naissent non pas, comme en nous, d'un ou de plusieurs sens qui ne nous affectent que d'une manière imparfaite ; mais elles naissent de leur essence et de leur existence en soi ; et quoique mon idée ne soit pas la tienne, c'est une seule et même idée qui agit sur nous. (MS.) — Cette longue note n'est

(par exemple, le corps de Pierre) et ensuite telle autre modalité (par exemple, le corps de Paul), il s'ensuit qu'il y a dans la chose pensante deux idées différentes, à savoir : l'idée du corps de Pierre qui forme l'âme de Pierre, et l'idée du corps de Paul qui forme l'âme de Paul. Or, la chose pensante peut mouvoir le corps de Pierre par l'idée du corps de Pierre, mais non pas par l'idée du corps de Paul ; de même aussi l'âme de Paul ne peut mouvoir que son propre corps et non pas un autre, par exemple celui de Pierre [1] ; et par conséquent elle ne peut pas davantage mouvoir une pierre quand elle est en repos : car à la pierre correspond à son tour une autre idée dans l'esprit ; de telle sorte qu'absolument aucun corps en repos ne peut être mis en mouvement par un mode quelconque de la pensée.

pas dans l'un des manuscrits, ni dans la traduction latine de M. Van Vloten ; elle n'est que dans le manuscrit et dans la traduction allemande. Elle est rédigée d'une manière confuse et obscure : mais on y voit poindre l'origine de la théorie des idées adéquates et inadéquates ; on y reconnaît également en germe le fameux théorème de l'*Éthique* (prop. VII, partie II) : *Ordo et connexio idearum idem est ac Ordo et connexio rerum*. (P. J.)

1. Il est clair que dans l'homme, aussitôt qu'il a commencé à exister, il ne se rencontre pas d'autres propriétés que celles qui existaient déjà auparavant dans la nature ; et, comme il se compose d'un corps dont il doit nécessairement y avoir une idée dans la chose pensante, et que cette idée doit être nécessairement unie avec le corps, nous affirmons énergiquement que son âme n'est autre chose que l'idée de son corps dans la chose pensante. Maintenant, comme le corps a une certaine proportion de repos et de mouvement, qui habituellement est modifiée par les objets externes, et qu'aucun changement ne peut arriver dans le corps sans qu'il s'en produise autant dans l'idée, c'est là la cause de la sensation. Je dis cependant : une certaine proportion de repos et de mouvement, parce qu'aucune action ne peut avoir lieu dans le corps sans que ces deux choses y concourent. (MS.)

3° La troisième objection est celle-ci : nous croyons concevoir clairement que nous pouvons produire le repos dans le corps; car, lorsque nous avons pendant assez longtemps mis nos esprits animaux en mouvement, nous sentons que nous sommes fatigués, ce qui n'est autre chose que la conscience du repos que nous avons produit dans les esprits animaux.

A quoi nous répondons : Il est vrai que l'âme est cause de ce repos ; mais elle n'en est qu'une cause indirecte, car elle n'introduit pas immédiatement le repos dans le mouvement, mais seulement par l'intermédiaire d'autres corps qu'elle a mis en mouvement, et qui nécessairement perdent alors autant de repos qu'ils en ont communiqué aux esprits. D'où il suit clairement que, dans la nature, il n'y a qu'une seule et même espèce de mouvement.

CHAPITRE XXI

DE LA RAISON.

Cherchons maintenant d'où peut venir que, voyant qu'une chose est bonne ou mauvaise, tantôt nous trouvons en nous la puissance de faire le bien et d'éviter le mal, tantôt nous ne la trouvons pas. C'est ce que nous pouvons facilement comprendre, en remarquant les causes que nous avons données de l'opinion, qui est elle-même, nous l'avons vu, la cause de toutes les passions. Nous avons dit qu'elle naissait soit par ouï-dire, soit par expérience. Or, comme il arrive que ce que nous éprouvons en nous a une plus grande puissance sur nous que ce qui nous arrive du dehors, il s'ensuit que la raison peut bien être cause de la destruction de ces opinions que nous tenons du seul ouï-dire, parce que la raison n'est pas comme celles-ci venue du dehors; mais il n'en est pas de même de celles que nous devons à notre expérience. En effet le pouvoir que nous tenons de la chose elle-même est toujours plus grand que celle que nous acquérons par l'intermédiaire d'une autre chose, comme nous l'avons montré plus haut, en distinguant le raisonnement et la claire intelligence, d'après l'exemple de la règle de trois, car il y a plus de puissance à comprendre la proportionnalité en elle-même qu'à comprendre la règle des proportions. Et c'est pourquoi nous avons souvent dit qu'un amour est détruit par un autre qui est plus grand; mais nous n'entendons pas par là le désir, qui ne vient pas, comme l'amour, de la vraie connaissance, mais du raisonnement[1].

1. On ne voit pas clairement comment l'explication précédente répond à la question, laquelle n'est autre que le fameux : *Video meliora*. La question est posée par Spinoza en ces termes : Pourquoi, dans certains cas, la raison (la réflexion ou pensée discursive) vient-elle à bout des passions, et, dans d'autres cas, n'en vient pas à bout? Voici comment il répond à ce problème On sait que les passions viennent de l'opinion, et que l'opinion elle-même a deux sources : le ouï-dire et l'expérience. Or, lorsque les passions naissent d'une opinion extérieure, d'un préjugé, la raison, qui n'est pas extérieure, mais intérieure, a plus de puissance qu'elles. Mais lorsqu'elles naissent de notre propre expérience, c'est-à-dire du plaisir immédiat que nous avons trouvé dans la chose elle-même, la raison ou la réflexion, qui n'est qu'une opération médiate, est inférieure en puissance à la passion elle-même : elle ne peut enfanter que le désir, lequel à son tour, dérivant d'une puissance discursive, est incapable de vaincre l'amour. Ainsi l'amour inférieur ne peut être vaincu que par un amour supérieur qui naît de la vraie connaissance. Telle nous paraît être ici la suite des idées. (P. J.)

CHAPITRE XXII

DE LA VRAIE CONNAISSANCE, DE LA RÉGÉNÉRATION, ETC.

Puisque donc la raison (le raisonnement) n'a pas la puissance de nous conduire à la béatitude, il nous reste à chercher si, par le quatrième et dernier mode de connaissance, nous pouvons y arriver. Nous avons dit que cette espèce de connaissance ne nous est fournie par aucun intermédiaire, mais vient de la manifestation immédiate de l'objet à l'intelligence. Que si cet objet est magnifique et bon, l'âme s'unit nécessairement avec lui, comme nous l'avons dit de notre propre corps ; et c'est la connaissance qui cause l'amour. De telle sorte que, si nous connaissons Dieu de cette manière, nous nous unissons nécessairement à lui, car il ne peut lui même être connu sans se manifester comme très-bon et très-auguste; et c'est en lui seul, comme nous l'avons dit, que réside notre bonheur; non pas sans doute que nous puissions le connaître tel qu'il est, c'est-à-dire d'une manière adéquate, mais il nous suffit, pour nous unir à lui, de le connaître dans une certaine mesure. Car la connaissance que nous avons du corps est bien loin d'être une connaissance parfaite, et cependant quelle union avec lui ! quel amour!

Ce quatrième mode de connaissance, qui est la connaissance de Dieu, ne vient pas, comme nous l'avons dit, d'un objet intermédiaire : elle est immédiate; c'est ce qui résulte de ce que nous avons dit antérieurement ; à savoir :

1° Qu'il est la cause de toute connaissance;

2° Que Dieu est connu par lui-même et non par autre chose ;

3° Enfin que, par cette raison, la nature nous unit à lui, de manière que nous ne pouvons ni exister ni être conçus sans lui.

D'où il suit que nous ne pouvons le connaître qu'immédiatement.

Essayons d'expliquer cette union que nous avons avec Dieu par la nature et par l'amour.

Nous avons dit qu'aucun objet ne peut être dans la nature sans qu'il en existât une idée dans l'âme de cet objet[1] ; et que, suivant qu'une chose est plus ou moins parfaite, l'union de cette idée avec la chose ou avec Dieu même, et l'action (de cette idée) est plus ou moins parfaite. Maintenant, toute la nature n'étant qu'une seule substance, dont l'essence est infinie, toutes les choses sont unies par la nature et sont unies en un seul être qui est Dieu. Et comme le corps est la première chose que notre âme perçoit (puisque, comme nous l'avons dit, aucun objet ne peut être dans la nature dont l'idée ne soit dans la chose pensante elle-même, laquelle idée est l'âme de cet objet), il s'ensuit que cet objet doit être la première cause de l'idée [2]. Mais, comme aucune idée ne peut se reposer dans la connaissance du corps, sans passer aussitôt à la connaissance de

1. Par là s'explique ce que nous avons dit dans la première partie, à savoir que l'intellect infini, que nous appelions le Fils de Dieu, doit être de toute éternité dans la nature, car, Dieu étant de toute éternité, son idée (l'idée de Dieu) doit être de toute éternité dans la chose pensante, c'est-à-dire en lui-même, laquelle idée convient objectivement avec lui. (MS.)

2. C'est-à-dire dans notre âme, qui est l'idée du corps et tire de lui son origine, et n'est que sa représentation et son image, soit dans l'ensemble, soit en particulier dans la chose pensante. (MS.)

celui sans lequel ni le corps ni son idée ne pourraient ni exister ni être connus, une fois cette connaissance acquise, elle se trouve unie avec lui par l'amour. On comprendra mieux cette union et ce qu'elle doit être, d'après son action sur le corps : cette action nous montre comment, par la connaissance et les affections des choses corporelles, naissent en nous toutes ces actions, que nous percevons continuellement dans notre corps, par l'agitation des esprits. Combien doivent être incomparablement plus grandes et plus magnifiques les actions nées de cette autre union, qui a lieu lorsque notre connaissance et notre amour tendent à l'être sans lequel nous ne pouvons ni exister ni être conçus. Car les actions doivent nécessairement dépendre de la nature des choses avec lesquelles l'union a lieu. Quand nous percevons ces effets, nous pouvons nous dire réellement régénérés : notre première génération a eu lieu, lorsque nous avons été unis à un corps, et c'est de cette union que naissent les actions et les mouvements des esprits animaux; la seconde génération a lieu, lorsque nous sentons les effets tout différents de l'amour qui suit la connaissance de cet être incorporel; et elles diffèrent l'une de l'autre, autant que l'incorporel du corporel, l'esprit de la chair. Et cette union doit être appelée une renaissance avec d'autant plus de droits et de vérité, que c'est de cet amour et dans cette union que nous contractons une disposition éternelle et immuable.

CHAPITRE XXIII

DE L'IMMORTALITÉ DE L'AME.

Si nous considérons attentivement ce que c'est que l'âme, et d'où viennent en elle le changement et la durée, nous verrons facilement si l'âme est mortelle ou immortelle.

Nous disions que l'âme est une idée dans la chose pensante, correspondant à la réalité d'une chose qui est dans la nature. D'où il suit que, suivant que la chose dure ou change, l'esprit dure ou change également. Or, nous avons dit que l'âme peut être unie soit avec le corps dont elle est l'idée, soit avec Dieu, sans lequel elle ne peut ni exister ni être conçue. D'où l'on peut facilement tirer cette double conclusion :

1° Quand l'âme n'est unie qu'avec le corps et que ce corps vient à périr, elle doit périr elle-même ; car, privée du corps qui est le fondement de son amour, elle doit périr aussi.

2° Au contraire, quand elle s'unit à un objet immuable, elle continuera elle-même d'une manière immuable. En effet, comment pourrait-elle être détruite? ce n'est pas par elle-même ; puisque ne se devant pas l'existence à elle-même, elle ne peut non plus se changer et se détruire elle-même. La cause de l'existence d'une chose peut seule, lorsqu'elle change ou périt elle-même, être la cause de la non-existence de cette chose.

CHAPITRE XXIV

DE L'AMOUR DE DIEU POUR L'HOMME.

Nous croyons avoir suffisamment montré jusqu'ici ce que c'est que notre amour envers Dieu, et la conséquence qui en résulte, à savoir notre éternité. Nous ne croyons pas nécessaire de parler des autres choses, telles que la joie en Dieu, la tranquillité de l'âme, parce qu'il est facile de voir, d'après ce que nous avons dit, en quoi elles consistent et ce qu'il faut en dire.

Il nous reste à nous demander si, de même qu'il y a un amour de nous à Dieu, il y a un amour de Dieu à nous, c'est-à-dire si Dieu aime les hommes, en retour de l'amour que les hommes ont pour lui. Or, puisque nous avons dit qu'il n'y a en Dieu aucun autre mode que ceux des créatures elles-mêmes, il s'ensuit qu'on ne peut pas dire que Dieu aime les hommes, et bien moins encore qu'il aime ceux qui l'aiment, et qu'il hait ceux qui le haïssent. Car alors il faudrait supposer que les hommes sont capables de faire quelque chose librement et qu'ils ne dépendent pas de la première cause : ce que nous avons démontré être faux. En outre, ce serait attribuer en Dieu une grande mutabilité, s'il pouvait commencer à aimer ou à haïr, déterminé ou influencé par quelque chose hors de lui. Ce qui serait l'absurdité même.

Mais, quand nous disons que Dieu n'aime pas les hommes, nous ne voulons pas dire qu'il les abandonne à eux-mêmes (séparés de lui), mais au contraire que l'homme, ainsi que tout ce qui existe, est en Dieu, de telle sorte que Dieu réside en toutes ces choses et qu'il ne peut à proprement parler y avoir en lui d'amour pour autre chose que lui-même, puisque tout est en lui.

Il suit encore de là que Dieu ne donne pas des lois aux hommes pour les récompenser quand ils y obéissent; ou, pour parler plus clairement, que les lois de Dieu ne sont pas de telle nature que l'on puisse les transgresser. Car les règles posées dans la nature par Dieu, suivant lesquelles toutes choses naissent et durent (si on peut les appeler des lois), sont telles que nous ne pouvons les transgresser; par exemple, que le plus faible doit céder au plus fort; qu'aucune cause ne peut produire plus qu'elle n'a en elle-même; et autres de cette nature, qui sont telles qu'elles ne changent pas, ne commencent pas, et que tout leur est soumis et subordonné. En un mot, toutes les lois que nous ne pouvons pas transgresser sont des lois divines, par cette raison que tout ce qui se fait se fait non pas contre, mais selon le décret de Dieu. Toutes les lois que nous pouvons transgresser sont des lois humaines, parce que, portées par les hommes, elles ne tendent qu'au bonheur des hommes et non au bien du tout, et même tendent souvent au contraire à la destruction de beaucoup d'autres choses. Les lois divines sont la fin suprême pour laquelle toutes choses sont faites; et elles ne sont pas subordonnées. Il n'en est pas de même des lois humaines; car, lorsque les lois de la nature sont plus puissantes que les lois des hommes, celles-ci sont détruites.

Quoique les hommes fassent des lois pour leur bonheur et n'aient d'autre but que d'augmenter leur bonheur, cependant ce but (en tant que subordonné à d'autres buts, aperçu par un être supérieur, qui les ferait agir comme partie de la nature), ce but, dis-je, peut servir à les faire agir d'accord avec les lois éternelles, qui ont été portées par Dieu de toute éternité, et les aide ainsi à coopérer avec le tout. Car, quoique les abeilles, par exemple, dans leur travail et le bon ordre qu'elles observent entre elles, n'aient d'autre but que de conserver pour l'hiver quelque provision, l'homme, qui leur est supérieur, en les soutenant et les surveillant, se propose un tout autre but, qui est de se procurer du miel. De même, l'homme, comme chose particulière, n'a pas d'autre fin que d'atteindre son essence finie; mais, comme il est en même temps partie et instrument de toute la nature, cette fin de l'homme ne peut être la dernière fin de la nature, puisqu'elle est infinie, et qu'elle doit se servir de lui, ainsi que de toutes choses, comme d'un instrument.

Voilà pour les lois portées par Dieu. Quant à l'homme, il perçoit en lui-même une double loi : j'entends l'homme qui fait usage de son entendement et s'est élevé à la connaissance de Dieu : or, ces deux lois sont causées :

1° La première, par l'union qu'il a avec Dieu;

2° La seconde, par l'union avec les modes de la nature.

De ces deux lois, la première est nécessaire; l'autre ne l'est pas, car pour ce qui concerne la loi qui naît de l'union avec Dieu, comme il ne peut jamais cesser d'être uni avec lui, il doit avoir devant les yeux les lois suivant lesquelles il lui faut vivre pour Dieu et avec Dieu. Au contraire, quant à la loi qui naît de la communion avec les modes, il peut s'en délivrer, parce qu'il peut s'isoler des hommes.

Puisque donc nous établissons une telle union entre Dieu et les hommes, il serait permis de se demander comment Dieu se fait connaître aux hommes, et si cela arrive ou peut arriver par des paroles, ou immédiatement et sans aucun intermédiaire. Pour ce qui est des paroles, nous répondons absolument : non; car autrement l'homme aurait dû connaître la signification de ces paroles avant qu'elles lui fussent énoncées. Par exemple, si Dieu avait dit aux Israélites : « Je suis Jéhovah, votre Dieu, » il aurait fallu qu'ils sussent déjà dans ces paroles qu'il y a un Dieu, avant de pouvoir apprendre par ces paroles mêmes que c'était lui qui était Dieu. Ils ne pouvaient pas savoir en effet que cette voix accompagnée de la foudre était Dieu, même lorsque la voix le disait. Ce que nous disons des paroles, on peut le dire de tous les signes externes; et c'est pourquoi nous tenons pour impossible que Dieu se fasse connaître aux hommes par des signes extérieurs, et en même temps nous jugeons inutile de supposer pour cette connaissance autre chose que l'essence de Dieu et l'entendement de l'homme : car ce qui, en nous, doit connaître Dieu, étant l'entendement, qui est uni si immédiatement à lui, qu'il ne peut exister ni être cause sans lui, il est indubitable qu'aucun objet ne peut être lié à l'entendement d'une manière plus intime que Dieu lui-même, car cette chose devrait être plus claire que Dieu : ce qui est absolument contraire à tout ce que nous avons montré jusqu'ici, à savoir que Dieu est la cause de notre connaissance et de toute essence des choses particulières, dont aucune ne peut ni exister ni même être conçue sans lui. Bien plus, toute chose particulière dont l'essence est nécessairement finie, nous fût-elle plus connue que Dieu, nous ne pouvons pas cependant par elle arriver à la connaissance de Dieu, car comment pourrait-il se faire que, d'une chose finie, on pût conclure à une chose infinie et illimitée? et quand même nous verrions dans la nature quelque action, ou effet, dont la cause nous fût inconnue, il serait impossible d'en conclure que, pour produire cet effet, il faut une cause infinie et illimitée. Comment pourrions-nous savoir si, pour produire ces effets, plusieurs causes sont nécessaires, ou si une seule suffit? Qui nous le dirait? Pour conclure, Dieu, pour se faire connaître aux hommes, ne peut ni ne doit se servir de paroles et de miracles, ni d'aucun autre intermédiaire créé, mais ne peut et ne doit se servir nécessairement que de lui-même.

CHAPITRE XXV

DES DÉMONS.

Y a-t-il des démons, ou n'y en a-t-il pas? C'est ce que nous examinerons brièvement.

Si le diable est une chose entièrement contraire à Dieu et qui ne tient rien de Dieu, il se confond entièrement avec le néant, dont nous avons déjà parlé plus haut.

Si nous supposons, comme on le dit, que le diable soit une chose pensante, incapable de vouloir et de faire aucun bien, et qui s'oppose à Dieu dans tout ce qu'il fait, il est alors digne de toute pitié; et, si les prières avaient quelque valeur, il faudrait prier pour lui.

Mais demandons-nous si un être aussi misérable pourrait exister même un moment : nous verrons que cela est impossible. Car la durée d'une chose procède de sa perfection, et plus elle a en elle d'être et de divinité, plus elle est durable. Or le diable n'ayant en soi aucun degré de perfection, comment pourrait-il exister? Ajoutons que la stabilité et la durée du mode dans la chose pensante dépendent de son amour pour Dieu et de son union avec lui; et, comme c'est le contraire de cette union que l'on suppose dans les démons, il ne se peut faire qu'ils existent.

Enfin, il n'y a nulle nécessité à supposer l'existence des démons, puisque l'on peut découvrir les causes de la haine, de l'envie, de la colère et de toutes les passions, comme nous l'avons fait. Nous n'avons donc pas besoin de cette fiction.

CHAPITRE XXVI

DE LA VRAIE LIBERTÉ.

Dans le chapitre précédent, nous n'avons pas seulement voulu montrer qu'il n'y a pas de démons, mais encore que les vraies causes (c'est-à-dire nos péchés) qui nous empêchent d'arriver à notre perfection sont aussi en nous-mêmes. Nous avons démontré antérieurement comment la quatrième espèce de connaissance nous conduit au bonheur et détruit nos passions; non pas, comme on a coutume de le dire, que la passion doive être précédemment supprimée avant de pouvoir parvenir à la connaissance et à l'amour de Dieu, comme si l'on disait que l'ignorant doit commencer par renoncer à son ignorance, avant de pouvoir parvenir à la science. Mais, puisque la seule connaissance est la vraie cause de leur destruction, comme nous l'avons assez fait voir, il résulte de là clairement que sans la vertu, c'est-à-dire sans une bonne direction de l'entendement, tout est perdu; nous ne pouvons vivre en paix avec nous-mêmes; et nous sommes en dehors de notre élément. C'est pourquoi, lors même que l'entendement, par la connaissance et l'amour de Dieu, n'atteindrait qu'à une paix passagère et périssable, et non à la paix éternelle, comme nous l'avons démontré, ce serait encore notre devoir de la rechercher, puisqu'elle est de telle nature que, lorsqu'on en jouit, on ne voudrait l'échanger pour aucune chose au monde.

Cela étant, c'est une grande absurdité de dire, comme beaucoup de théologiens qui passent pour grands, que si la vie éternelle n'était pas la conséquence de notre amour de Dieu, il faudrait chercher son intérêt propre, comme si l'on pouvait trouver quelque chose de meilleur que Dieu : proposition aussi absurde que si un poisson, qui ne peut vivre hors de l'eau, venait à dire : S'il n'y a pas pour moi de vie éternelle, je veux sortir de l'eau pour vivre sur la terre. Que pourraient dire autre chose, ceux qui ne reconnaissent pas Dieu?

D'où l'on voit que, pour établir la vérité de ce que nous affirmons sur le salut et sur le bonheur, nous n'avons pas besoin d'autre principe que de celui de notre propre utilité, principe qui est naturel à tout être; et, puisque l'expérience nous apprend qu'en recherchant la sensualité, la volupté et les choses mondaines, nous y trouvons non notre salut, mais notre perte, nous devons par cela même choisir l'entendement comme guide : mais, cela étant impossible sans être parvenu auparavant à la connaissance et à l'amour de Dieu, il nous faut donc de toute nécessité chercher Dieu; et enfin, comme il résulte de toutes les recherches précédentes qu'il est le meilleur de tous les biens; nous sentons que nous devons nous reposer en lui, car, hors de lui, nous ne voyons rien qui puisse nous donner le salut; la vraie liberté, c'est d'être et de demeurer enchaîné par les liens de son amour.

Enfin, nous voyons encore que la connaissance par

raisonnement n'est pas en nous ce qu'il y a de meilleur, mais seulement un degré par lequel nous nous élevons au terme désiré, ou une sorte d'esprit bienfaisant qui, en dehors de toute erreur et de toute fraude, nous apporte la nouvelle du souverain bien et nous invite à le chercher et à nous unir à lui, laquelle union est notre salut véritable et notre béatitude.

Il nous reste donc, pour mettre fin à cet ouvrage, à expliquer brièvement ce que c'est que la liberté humaine et en quoi elle consiste; pour cet objet, j'emploierai les propositions suivantes, comme certaines et démontrées :

1° Plus une chose a d'être, plus elle a d'action et moins de passion, car il est certain que l'agent agit par ce qu'il possède, et le patient souffre par ce qui lui manque.

2° Toute passion qui nous fait passer de l'être au non-être, ou du non-être à l'être, doit procéder d'un agent externe et non interne : car aucune chose, considérée en elle-même, n'a en soi une cause par laquelle elle puisse se détruire, lorsqu'elle est, et par laquelle elle pourrait s'appeler elle-même à l'être, lorsqu'elle n'est pas.

3° Tout ce qui n'est pas produit par des causes externes ne peut entrer en commerce avec elles, et par conséquent ne peut être par elles ni changé ni transformé.

4° De la 2e et de la 3e proposition se tire la proposition suivante : Tout ce qui vient d'une cause immanente ou interne (ce qui est pour moi la même chose) ne peut être détruit ou changé, tant que sa cause demeure, car, puisqu'une telle chose ne peut être produite par des causes externes, elle ne peut pas non plus (d'après la 3e proposition) être changée par de telles causes ; et comme, en général, aucune chose ne peut être détruite, si ce n'est par des causes extérieures, il n'est pas possible que cette chose produite puisse périr tant que sa cause interne persiste (d'après la 2e proposition).

5° La cause la plus libre et celle qui répond le mieux à la nature de Dieu, c'est la cause immanente. Car de cette cause l'effet dépend de telle sorte qu'il ne peut sans elle ni exister, ni être compris, ni même (par la 2e et la 3e proposition) être soumis à aucune autre cause ; en outre, l'effet est uni à cette cause de telle sorte qu'elle ne fasse qu'un avec lui.

Voyons maintenant ce qu'on peut conclure des propositions précédentes :

1° L'essence de Dieu étant infinie, il doit avoir (d'après la 1re proposition) une activité infinie, et une négation infinie de toute passion; et par conséquent, selon que les choses sont unies à Dieu par une plus grande partie de leur essence, elles ont plus d'action et moins de passion ; et elles sont d'autant plus affranchies du changement et de la destruction.

2° Le vrai entendement ne peut périr par lui-même : car (d'après la 2me proposition), il n'a en lui aucune cause par laquelle il puisse se détruire. Et, comme il ne provient pas de causes extérieures, mais de Dieu, il ne peut (d'après la 3me proposition) subir aucune altération du dehors. Enfin, comme Dieu l'a produit immédiatement, et est sa cause immanente, il s'ensuit nécessairement que l'entendement ne peut pas périr, aussi longtemps que sa cause subsiste (d'après la 4me proposition) ; or sa cause étant éternelle, il l'est également.

3° Tous les actes du vrai entendement qui sont unis à lui doivent être estimés par-dessus toutes choses, parce que les produits internes d'une cause interne sont les plus parfaits de tous (d'après la 5e proposition); et en outre, ils sont nécessairement éternels parce que leur cause l'est elle-même.

4° Toutes les actions que nous produisons en dehors de nous sont d'une nature d'autant plus parfaite qu'elles sont plus capables de s'unir à nous de manière à faire avec nous une seule et même nature; car alors elles sont le plus près possible des actes internes. Si, par exemple, j'enseigne à mon prochain la volupté, la fausse gloire, l'avidité, soit que moi-même j'aime ou que je n'aime pas ces choses, n'est-il pas évident que je suis moi-même frappé et fouetté par mes propres armes? Mais il n'en est pas ainsi si mon seul et véritable but est d'atteindre l'union avec Dieu, et par cette union, de produire en moi de vraies idées, que je communique à mon prochain ; car alors nous participons également au salut : le même désir naissant en eux comme en moi, il s'ensuit que leur volonté devient la même que la mienne; et nous ne faisons plus qu'une seule nature qui s'accorde en toutes choses.

De tout ce qui précède il est facile de conclure ce que c'est que la liberté humaine[1]. Je la définis un acte constant que notre intellect acquiert par son union immédiate avec Dieu, pour produire en soi des idées et en dehors de soi des actes qui soient d'accord avec sa nature (la nature de l'entendement), de telle sorte que ni ces idées ni ces actions ne soient soumises à des causes externes qui pourraient les changer ou les transformer. On voit par là et par ce qui a été dit précédemment quelles sont les choses qui sont en notre pouvoir et qui ne dépendent pas des causes extérieures. Par là est démontrée encore, d'une autre manière que plus haut, la durée éternelle de notre

1. La servitude d'une chose consiste à être soumis à une cause extérieure ; la liberté, au contraire, à n'y être pas soumis, et à en être affranchi. (MS.)

entendement, et quelles sont les actions qu'il faut estimer par-dessus tout.

Il me reste, en terminant, à dire aux amis auxquels j'écris : Ne vous étonnez pas trop de ces nouveautés, car vous savez qu'une chose ne cesse pas d'être vraie pour ne pas être acceptée par plusieurs. Et, puisque vous connaissez le siècle où vous vivez, je vous prie et vous conjure de prendre des précautions dans la manifestation de ces idées. Je ne veux pas dire qu'il faille les conserver pour vous seuls, mais seulement que, si vous commencez à les dévoiler à quelqu'un, votre seul but soit le salut de vos proches, étant d'ailleurs assurés de la manière la plus évidente que vous ne perdrez pas le fruit de votre travail. Enfin, si, en lisant ce traité, il s'élève dans votre esprit quelque difficulté contre ce que je tiens pour certain, je vous prie de ne pas vous hâter d'y contredire, avant d'y avoir appliqué quelque temps et quelque attention : et si vous faites cela, je me tiens pour assuré que vous réussirez à atteindre les fruits de cet arbre, auquel vous aspirez.

APPENDICE

I.

DE LA NATURE DE LA SUBSTANCE [1].

Axiomes.

I. La substance, de sa nature, est antérieure à ses modifications.

II. Les choses qui diffèrent se distinguent les unes des autres, soit réellement, soit modalement.

III. Les choses qui sont distinctes réellement, ou bien ont des attributs divers, tels que la pensée et l'étendue, ou bien se rapportent à des attributs divers (par exemple, l'intellect et le mouvement, dont l'un se rattache à la pensée, l'autre à l'étendue).

IV. Les choses qui ont des attributs différents, ou qui appartiennent à des attributs différents, n'ont rien de commun.

V. Une chose qui n'a rien de commun avec une autre ne peut pas être cause de son existence.

VI. Une chose qui est cause de soi ne peut s'être limitée elle-même.

VII. Ce par quoi les choses sont conservées est, de sa nature, antérieur à ces choses.

1. On remarquera dans cet appendice un premier essai de forme géométrique, qui fait la transition avec l'*Éthique*. (P. J.)

Propositions.

I.

Aucune substance réelle ne peut posséder un attribut qui appartient déjà à une autre substance; en d'autres termes, il ne peut exister dans la nature deux substances qui soient réellement distinctes.

Démonstration. — En effet, puisque ce sont deux substances, elles sont distinctes, et (par l'ax. II) elles se distinguent soit réellement, soit modalement; mais elles ne peuvent se distinguer modalement, car alors les modes seraient antérieurs à la substance (contre l'ax. I); il faut donc qu'elles se distinguent réellement. Donc (par l'ax. IV), elles ne peuvent avoir rien de commun. Q. E. D.

II.

Une substance ne peut être cause de l'existence d'une autre substance.

Une telle substance n'a rien en soi qui la rende capable d'une telle action (par la 1re proposition), car la différence de l'une et de l'autre est réelle : c'est pourquoi (par l'ax. V) l'une ne peut pas produire l'autre.

III.

Toute substance est infinie de sa nature et est absolument parfaite en son genre.

Dém. — Aucune substance (par la 2e proposition) ne peut être produite par une autre. Donc, si elle existe réellement, ou elle est un attribut de Dieu, ou elle est cause d'elle-même en dehors de Dieu. Dans le premier cas, elle est nécessairement infinie et parfaite en son genre, comme tous les attributs de Dieu; dans le second cas, elle l'est également, car (par l'ax. [illegible] n'a pu se limiter elle-même.

IV.

L'existence appartient nécessairement à l'essence, et il est impossible qu'il y ait dans l'entendement infini l'idée de l'essence de quelque substance, qui n'existerait pas réellement dans la nature.

Dém. — La vraie essence d'un objet est quelque chose de réellement distinct de l'idée de cet objet; et ce quelque chose, ou bien existe réellement (par l'ax. III), ou est compris dans une autre chose qui existe réellement et dont il ne se distingue que d'une manière modale et non réelle. Telles sont les choses que nous voyons autour de nous, lesquelles, avant d'exister, étaient contenues en puissance dans l'idée de l'étendue, du mouvement et du repos, et qui, lorsqu'elles existent, ne se distinguent de l'étendue que d'une manière modale et non réelle. Mais il impliquerait contradiction :

1° Que l'essence d'une substance fût comprise ainsi dans l'idée d'une autre chose, dont elle ne se distinguerait pas réellement (contre la 2ᵉ proposition) ;

2° Qu'elle pût être produite par le sujet qui la contient (contre la 1ʳᵉ proposition);

3° Enfin, qu'elle ne fût pas infinie de sa nature et souverainement parfaite en son genre (contre la 3ᵉ proposition). Par conséquent, son essence ne pouvant être comprise dans aucune autre, elle doit exister par elle-même.

Corollaire.

La nature est connue par soi et non par aucune autre chose. Elle est constituée par un nombre infini d'attributs dont chacun est infini ou parfait en son genre, et tel que l'existence appartient à son essence, de telle sorte qu'en dehors d'elle il ne peut y avoir aucune essence et aucun être, et qu'elle se confond absolument avec l'essence auguste et bénie de Dieu.

II.

DE L'AME HUMAINE.

L'homme étant une chose créée et finie, ce qui, en lui, possède la pensée, ce que nous appelons âme, est nécessairement un mode de cet attribut auquel nous donnons le nom de pensée ; et rien autre chose que cette modification ne peut appartenir à son essence ; au point même que si cette modification est détruite, l'âme humaine est détruite en même temps, tandis que l'attribut de la pensée demeure inaltérable. De même, ce que l'homme a d'étendue, et que nous appelons corps, n'est autre chose qu'une modification de cet attribut auquel nous donnons le nom d'étendue ; et, cette modification détruite, le corps humain cesse d'être, tandis que l'attribut de l'étendue demeure immuable.

Pour bien comprendre en quoi consiste cette modification que nous appelons esprit, et comment elle tient son origine du corps et dépend du corps seul (ce qui est pour moi l'union de l'âme et du corps), il faut remarquer que :

1° La modification la plus immédiate de l'attribut que nous appelons pensée, contient en soi objectivement l'essence formelle de toutes choses; car, s'il y avait quelque chose de formel dont l'essence ne fût pas contenue objectivement dans cet attribut[1], il ne

1. Pour comprendre ce passage il ne faut pas oublier que les mots *formellement* et *objectivement* dans la langue scolastique ont une autre signification que celle que nous leur

serait pas absolument infini et parfait dans son genre (contre la 3e proposition). Et puisque la nature ou Dieu est l'être dont on affirme un nombre infini d'attributs, et qui comprend en soi les essences de toutes les créatures, il doit se produire nécessairement dans la pensée une idée infinie, qui contienne en soi objectivement la nature, telle qu'elle existe réellement.

2° Toutes les autres modifications, telles que l'amour, le désir, la joie, tirent leur origine de cette première modification immédiate, de telle sorte que, si celle-ci ne précédait pas, les autres ne pourraient pas être. D'où il suit évidemment que le désir naturel, qui est, dans toute chose, de conserver son propre corps, n'a d'autre origine que l'idée ou essence objective de ce corps, telle qu'elle existe dans l'attribut de la pensée. De plus, puisque rien n'est exigé pour l'existence de cette idée ou essence objective que l'attribut de la pensée, et l'objet, ou essence formelle, il est donc certain, comme nous le disions, que l'idée ou essence objective est la modification la plus immédiate de l'attribut de la pensée. C'est pourquoi, dans cet attribut, il ne peut y avoir aucune autre modification, appartenant essentiellement à l'âme d'un objet quelconque, sinon cette seule idée, laquelle doit être, dans l'attribut pensée, l'idée d'une chose réellement existante, car une telle idée emporte avec elle toutes les autres modifications, telles que l'amour, le désir, la joie. Donc, cette idée procédant de l'existence de l'objet, il s'ensuit que, l'objet étant détruit ou changé en raison de cette destruction et de ce changement, l'idée doit être elle-même détruite et changée, puisqu'elle est essentiellement unie à son objet.

attribuons aujourd'hui : *formellement* veut dire *réellement* ; *objectivement* veut dire *par représentation*.

P. J.

Si nous voulons aller plus loin, et attribuer à l'essence de l'âme ce par quoi elle peut être réellement, on ne trouvera rien autre chose que l'attribut de pensée et l'objet ; or, ni l'un ni l'autre n'appartiennent à l'essence de l'âme ; car, d'une part, l'objet n'a rien de commun avec la pensée et se distingue réellement de l'âme ; de l'autre, quant à l'attribut (c'est-à-dire la pensée), nous avons déjà démontré qu'il ne peut appartenir à l'essence de l'esprit, ce qui du reste deviendra plus évident encore après ce que nous venons de dire ; car l'attribut, comme attribut, n'est pas uni à son objet, puisqu'il ne peut ni changer ni être détruit, quand même l'objet serait changé et détruit[1].

L'essence de l'âme consiste donc seulement en ceci, qu'elle est une idée ou essence objective dans l'attribut de la pensée, tirant son origine de l'essence de l'objet qui existe réellement dans la nature. Je dis : *de l'objet qui existe réellement*, et sans aucune autre particularité, pour faire entendre que je ne parle pas seulement d'un mode de l'étendue, mais d'un mode quelconque de tous autres attributs infinis, qui, comme l'étendue, ont une âme. Pour mieux comprendre cette définition, il faut se rappeler ce que j'ai dit plus haut, en parlant des attributs, à savoir : 1° qu'ils ne se distinguent pas quant à leur existence (car ils sont eux-mêmes les sujets de leur essence[2]) ; 2° que l'essence de toutes les modifications est contenue dans ces attributs ; et 3° enfin que ces attri-

1. Tout cela est assez obscur et mal rédigé. Spinoza veut dire que l'âme est l'idée d'un objet : elle se rattache donc d'une part à l'attribut de la pensée, de l'autre à l'objet ; mais ni cet attribut, ni cet objet ne sont son essence. (P. J.)

2. Manque dans le manuscrit B ; cela signifie qu'ils existent par eux-mêmes, les attributs n'étant pas distingués de la substance. (P. J.)

buts sont les attributs d'un être infini. C'est pourquoi, dans la première partie, chap. IX, nous avons appelé Fils de Dieu, ou créature immédiate de Dieu, cet attribut de la pensée, ou l'entendement dans la chose pensante, et nous avons dit qu'il était créé immédiatement par Dieu, parce qu'il renferme objectivement l'essence formelle de toutes les choses et qu'il n'est jamais ni augmenté ni diminué. Et cette idée est nécessairement une, puisque l'essence des propriétés et des modifications contenues dans ces propriétés sont l'essence d'un seul être infini [1]. En outre, il est à remarquer que les modifications susnommées, quoique aucune d'elles ne soit réelle, sont également contenues dans leurs attributs; et puisqu'il n'y peut avoir d'inégalité, ni dans les modes, ni dans les attributs, il ne peut y avoir non plus dans l'idée rien de particulier qui ne serait pas dans la nature. Mais, si quelques-uns de ces modes acquièrent une existence particulière et par là se séparent de leurs attributs d'une certaine manière (puisqu'alors l'existence particulière qu'elles ont dans leur attribut devient le sujet de leur essence), alors se montre une diversité dans les essences de ces modifications et par conséquent dans les essences objectives, lesquelles essences de ces modifications sont représentées nécessairement dans l'idée [2]. C'est pour-

1. Cette dernière proposition manque dans le manuscrit B, et par conséquent dans la traduction latine, et n'est que dans la traduction allemande. (P. J.)

2. La rédaction de ce passage est obscure et confuse : il y a sans doute quelque altération de texte. Voici le commentaire donné par M. Sigwart : « Si vous prenez les choses seulement dans leur essence, abstraction faite de l'existence particulière des choses individuelles, elles ne sont toutes qu'une seule chose : les essences des choses particulières sont comprises dans leurs attributs, et les attributs en Dieu. Il n'y a pas de différence dans l'être des différents attributs;

quoi, dans la définition de l'âme, nous nous sommes servis de ces termes, à savoir que l'âme, ou idée ou essence objective (toutes choses identiques pour nous), tire son origine de l'essence de l'objet existant réellement dans la nature. Par là, nous avons suffisamment expliqué ce que c'est que l'âme en général, et nous entendons par là non-seulement les idées qui naissent de l'existence des modifications corporelles, mais encore celles qui naissent de toute modification des autres attributs.

Mais, comme nous n'avons pas des autres attributs la même connaissance que de l'étendue, voyons maintenant si, en nous bornant aux modifications de l'étendue, nous ne pourrons pas trouver une définition plus particulière et plus adaptée à l'essence de nos propres âmes, car c'est là notre objet.

Supposons comme une chose démontrée qu'il ne peut y avoir dans l'étendue d'autre mode que le repos et le mouvement, et que toute chose corporelle particulière n'est rien autre qu'une certaine proportion de mouvement et de repos, de telle sorte que, si dans toute l'étendue il n'y avait que repos absolu ou mouvement absolu, il n'y aurait aucun corps distinct : il s'en suit que le corps humain ne peut être qu'une certaine proportion particulière de repos et de mouvement.

Or, nous disons que l'essence objective, qui, dans l'attribut de la pensée, correspond à cette proportion,

il n'y en a donc pas dans l'être des choses; elles sont toutes éternelles, et constituent l'unité de l'être divin. Donc leur type (leur contre-épreuve) dans l'attribut de la pensée n'est qu'un : dans l'idée une de l'être infini elles sont toutes également comprises; et il n'y a pas d'idées particulières, séparées les unes des autres : autrement la nature de l'idée ne répondrait pas à l'être de son objet. » (*Trad. allemande*, p. 231.)

est l'âme du corps ; lors donc que l'une de ces modifications (soit le repos, soit le mouvement) change en plus ou en moins, l'idée change dans la même proportion ; comme par exemple, si le repos est augmenté et le mouvement diminué, nous éprouvons cette douleur ou tristesse que l'on appelle le froid ; si, au contraire, c'est le mouvement qui est augmenté, nous éprouvons cette douleur que l'on nomme chaleur.

Maintenant, lorsque tous les degrés de mouvement et de repos ne sont pas égaux dans toutes les parties du corps, et que les uns ont plus de mouvement ou de repos que d'autres, de là naît la différence de sensation, comme lorsque nous sommes frappés par un bâton sur les yeux ou sur les mains.

Et lorsqu'il arrive que les causes extérieures diffèrent et n'ont pas le même effet, il s'ensuit une différence de sensation dans une seule et même partie, comme nous l'éprouvons lorsque nous sommes frappés sur la même main par du fer ou par du bois.

Et réciproquement, si un changement fait dans une certaine partie est cause qu'elle revienne à l'état primitif, de là naît la joie que nous appelons tranquillité, agrément, gaieté.

Ayant expliqué ce que c'est que la sensation, il est facile de comprendre comment naît de là l'idée réflexive ou la connaissance de nous-mêmes, l'expérience et la raison. Enfin notre âme étant unie à Dieu et étant une partie de l'infinie pensée, et étant issue immédiatement de Dieu, on voit encore aisément par là l'origine de la vraie connaissance et de l'immortalité de l'âme. Que cela nous suffise pour le présent.

FIN.

TABLE DES MATIÈRES

PREMIÈRE PARTIE.

SECONDE PARTIE.

Coulommiers. — Imprimerie ALBERT PONSOT et P. BRODARD.

www.ingramcontent.com/pod-product-compliance
Ingram Content Group UK Ltd.
Pitfield, Milton Keynes, MK11 3LW, UK
UKHW021123220726
13924UKWH00004B/1882

9 782019 697815